Deutsch als Fremdsprache

Erhard G. Heilmann

Über Grammatik

Verlag Liebaug-Dartmann

Meckenheim, 1. Aufl. 2002
2. unveränderte Aufl. 2021
ISBN 978-3-922989-53-0

Inhaltsübersicht

Über Grammatik

Vorwort

Über Grammatik ist die völlige Neubearbeitung und Erweiterung eines Lehrbriefs für Lehrerinnen und Lehrer an Studienkollegs aus dem Jahr 1995. Die Übersicht wendet sich an alle, die im In- oder Ausland DaF oder wissenschaftliche Fächer auf Deutsch unterrichten, vor allem an diejenigen, die sich mit den didaktischen Prinzipien vertraut machen möchten, die den Übungsgrammatiken aus dem Verlag LIEBAUG-DARTMANN* zugrunde liegen. Aber auch für fortgeschrittene Studierende und alle, die Grammatik als bloße Sammlung vieler unzusammenhängender Regeln unbefriedigend finden, könnte der Überblick interessant sein; er ist unter anderem auch ein Versuch, zwischen Grammatiktheorie und Unterrichtspraxis zu vermitteln.

Über Grammatik umfasst ein praxisorientiertes dependenzielles Grammatikmodell sowie Erfahrungsdaten aus dem Grammatikunterricht, insbesondere über Verständnisprobleme, wie sie oft aus strukturellen Unterschieden von Ausgangs- und Zielsprache resultieren. *Über Grammatik* kann Lehr- und Arbeitsbücher nicht ersetzen. Vollständigkeit ist nicht angestrebt. Der Umfang orientiert sich an dem, was erfahrungsgemäß in einem zweisemestrigen Intensiv-Sprachkurs vermittelt werden kann. Im Interesse einer kompakten Darstellung wurde auf Quellenangaben verzichtet.

Zu danken habe ich ungezählten Studierenden aus aller Welt, deren Fragen und Probleme Anlass waren, sich immer wieder mit den Strukturen der deutschen Sprache und ihrer Vermittlung zu beschäftigen, ferner den Kolleginnen und Kollegen, die mit Hinweisen und kritischen Anmerkungen die Entstehung dieses Überblicks begleitet haben. Unter diesen gilt mein besonderer Dank Friedrich Clamer und Helmut Röller in Münster sowie Reinhard Lamp in Hamburg.

Altenberge, März 2002

Erhard G. Heilmann

* Friedrich Clamer / Erhard G. Heilmann. Übungsgrammatik für die Grundstufe

* Friedrich Clamer / Erhard G. Heilmann / Helmut Röller
Übungsgrammatik für die Mittelstufe – Erweiterte Fassung –

* Friedrich Clamer / Helmut Röller / Winfried Welter
Übungsgrammatik für die Mittelstufe – Kurzfassung –

Verlag Liebaug-Dartmann, Meckenheim

Einleitung

Es ist nicht leicht, eine fremde Sprache so weit zu erlernen, dass komplexe Sachverhalte, wie sie in Wissenschaft und Technik typisch sind, verstanden und formuliert werden können. Aufgrund langer Erfahrung im Unterricht des Deutschen als Fremdsprache bezweifle ich, dass es viele erwachsene Lerner gibt, die ohne Grammatikkenntnisse, d. h. ohne Einsicht in die Sprachstruktur und die damit verbundene Möglichkeit zur Selbstkorrektur, in vertretbarer Zeit ein zufriedenstellendes Niveau erreichen. Auch von ausländischen Studierenden selbst wird dem Grammatikunterricht ein hoher Stellenwert eingeräumt, wie eine Umfrage bei ehemaligen Studienkollegiatinnen und -kollegiaten belegt.

Nach einer Phase der Ablehnung ist es heute wieder üblich, Grammatikunterricht anzubieten. Muttersprachliche Lehrer geraten dabei leicht in Gefahr, ihre Kompetenz zu überschätzen: Da ja die eigene Sprachbeherrschung über jeden Zweifel erhaben ist, neigt man beispielsweise zu adhoc-Erklärungen, die nicht immer nützlich und öfters kontraproduktiv sind. Auch ist es nicht gleichgültig, welches Grammatikmodell man zugrunde legt. Von den negativen Auswirkungen der in der Regel vom Lateinischen geprägten Grammatik des muttersprachlichen Deutschunterrichts im DaF-Bereich sowie von terminologischer Konfusion wird noch die Rede sein.

Grammatik als Reden über (eine bestimmte) Sprache zum Zweck ihrer Beschreibung und – in engen Grenzen – „Erklärung“, wird – anders als ihr Gegenstand – nicht als Gegebenheit vorgefunden. Die selbstverständliche Folge ist, dass unterschiedliche Beschreibungen existieren: **Die** Grammatik einer Sprache gibt es nicht.

Schon in der Motivation unterscheiden sich die Beschreibungsverfahren. Grammatik war im griechischen und offenbar auch im indischen Altertum vorwiegend logisch-philosophisch motiviert, bei den Römern eher rhetorisch, in der europäischen Romantik historisch-vergleichend etc. Seit der ersten Hälfte des 20. Jahrhunderts dominiert in Europa und Amerika die Untersuchung der Struktur sowohl „der Sprache“ als auch einzelner Sprachen in der Nachfolge von De Saussure. Dafür wurden linguistische Verfahren und Modelle entwickelt, die zu einer bestimmten Sprache jeweils mehr oder weniger gut passen.

Immer hat Grammatik aber auch der Vermittlung von Fremdsprachen gedient. Dabei haben in neuerer Zeit angelsächsische Unterrichtskonzepte hier und da zur Übernahme von Ansichten über Sprachvermittlung geführt, die für das Deutsche kaum brauchbar sind; bei aller lexikalischen Ähnlichkeit ist Englisch in seiner Struktur ziemlich verschieden vom Deutschen.

Eine Grammatik für den Gebrauch im Deutschunterricht für Nichtmuttersprachler (kurz: DaF-Unterricht) muss natürlich vor allem didaktischen Anforderungen genügen. Im DaF-Unterricht für Lernergruppen mit einheitlicher Ausgangssprache dürften von kompetenten Autoren gemachte kontrastive Grammatiken am nützlichsten sein, z. B. eine deutsche Grammatik für Araber – aber ihre Verwendung setzt, im Idealfall, den beidsprachigen Lehrer voraus. Diese Situation ist nur in Ausnahmefällen gegeben, jedenfalls kaum im Sprach-Inland.

Inzwischen gründen sich viele Lehrwerke für Deutsch als Fremdsprache, soweit sie überhaupt Grammatik systematisch behandeln, auf geringfügig verschiedene Varianten eines dependenziellen Modells. Es handelt sich um die Valenzgrammatik, die von Lucien Tesnière in den 1930er Jahren für den (französischen) Sprachunterricht entwickelt, zum Teil aber erst in den 1950er Jahren postum veröffentlicht worden ist. Dass dieser Grammatiktyp noch andere Eltern und Großeltern hat, sei am Rande erwähnt.

Ausnahmsweise noch einige weitere Namen. Exemplarisch für viele andere nenne ich Gerhard Helbig und Wolgang Schenkel in Leipzig, die die Valenzgrammatik schon in den 1960er Jahren den Erfordernissen des Deutschen angepasst und sie breiteren deutschen Fachkreisen bekannt gemacht, sowie Ulrich Engel und Hans-Jürgen Heringer, die sie erweitert, unterschiedlich umgestaltet und theoretisch untermauert haben.

Wissenschaftliche Grammatiken sind für den Sprachunterricht kaum geeignet, denn der theoretische Apparat pflegt umfangreich und kompliziert zu sein; demgegenüber genügen Schulgrammatiken wegen der notwendigen Vereinfachungen nicht allen Anforderungen der Linguistik. Aber natürlich sollte eine für den Sprachunterricht konzipierte Grammatik auch einige theoretische Mindestanforderungen erfüllen; ich nenne vier:

1. Verwendung definierter Begriffe.
2. Widerspruchsfreiheit des Begriffssystems.
3. Ökonomie der Begriffe und Regeln. – Allzu weit gehende Differenzierung schreckt Lerner und Lehrer ab.
4. Beschreibungsadäquatheit. – Die Grammatik muss die Struktur möglichst vieler tatsächlich vorkommender Äußerungen eindeutig beschreiben können.

Es ist üblich, Grammatik in Teilbereiche zu gliedern, z. B.:

Morphologie

Flexion	*(s Haus,¨-er; gehen, -i-, -a-; hoch, höher-, höchst-; …)*
Wortbildung	*(**arbeit**en; Arbeit; Arbeit-s-amt; arbeit-sam; Arbeit-sam-keit; Arbeit-s-ameise)*

Syntax	*(Komm! – Ihm gebe ich das nicht. – …, wenn es regnet. – … zu kommen.*
Vertextung	(Ida hat Otto ein Buch geschenkt.) ***Er** bedankt sich **da**für bei **ihr**.*

Diese Einteilung ist rein äußerlich. So hat das **„morphologische“** Merkmal < Akkusativ > ausschließlich **syntaktische** Bedeutung; es kommt nur in Sätzen unter bestimmten Bedingungen vor und erfüllt dort – zum Leidwesen der Lerner – disparate Funktionen. Auch die Klassifizierung der Wortarten – ein teilweise ungelöstes Problem im Deutschen – beruht zum großen Teil auf syntaktischen Kriterien; zum Beispiel stellen Pronomina oder, genauer, Prowörter, den Bezug zu anderen Elementen im gleichen Satz bzw. zu vorangehenden oder folgenden Sätzen her und schaffen damit Sinnzusammenhang im Text. Dementsprechend gibt es Darstellungen, die lediglich Lexikon, also in etwa den Wortvorrat der Sprache, und Syntax – synonym mit Grammatik – einander gegenüberstellen.

In Valenzgrammatiken steht der Satz als Einheit der Kommunikation im Zentrum der Betrachtung. Aus unterrichtspraktischer Sicht gibt es an den morphologischen Erscheinungen selbst nur wenig zu erklären; interessant und wichtig ist nur ihre syntaktische und ggf. semantische Bedeutung. Das entbindet Autoren und Lehrer natürlich nicht von der Aufgabe, die aus Lernersicht schwierigen, weil im Deutschen komplizierten Flexionsmuster übersichtlich und einprägsam darzustellen und sinnvolle Übungen anzubieten. Dass sich Texte – unter formalen Gesichtspunkten – ebenfalls weitgehend mit dem Begriffsapparat einer Syntax beschreiben lassen, wurde schon angedeutet.

Der Hauptteil dieser Darstellung Syntax ist in „konzentrischen Ringen“ aufgebaut: Zuerst werden die Hauptkategorien vorgestellt und kurz erläutert, dann folgt die weitere Klassifizierung, und im letzten Abschnitt wird hauptsächlich die Realisierung von syntaktischen Kategorien durch Nebensätze behandelt – eines der wichtigsten und übungsintensivsten Themen des Grammatikunterrichts. Unter Graphische Darstellung wird an wenigen Beispielen die Möglichkeit der Visualisierung von Satzstrukturen aufgezeigt, und unter MORPHOLOGIE findet man eine Darstellung des Flexionssystems und An-merkungen zu Wortarten. Eine weitergehende Beschäftigung mit morphologischen Problemen scheint mir im Rahmen dieser Darstellung nicht erforderlich. Dass bestimmte grammatische Phänomene sowohl im Kapitel SYNTAX als auch, unter anderem Blickwinkel, in MORPHOLOGIE behandelt werden, erklärt sich wohl aus dem oben Gesagten. Querverweise sollen die Zusammenschau erleichtern.

Zum Schluss noch ein Wort zur Unterrichtsgestaltung. Vielleicht kann man die elementaren Grundlagen der Sprachbeschreibung in reinen Grammatikkursen legen – nötig scheint mir das nicht; spätestens in der oberen Grundstufe sollte der Grammatikunterricht in den Unterricht zur Entwicklung des Leseverstehens integriert werden – z. B. mit Texten, in denen die zu behandelnden formalen Probleme konzentriert sind. Die beiden Übungsgrammatiken aus dem Verlag LIEBAUG-DARTMANN bieten hierzu Beispiele, an denen man sich orientieren kann. Sehr sinnvoll ist es, wenn da, wo auch Unterricht in wissenschaftlichen Fächern erteilt wird, die Fachlehrer einen Teil des Grammatikunterrichts übernehmen- oder jedenfalls in der Lage sind, die Lerner bei auftretenden sprachlichen Schwierigkeiten kompetent – und das heißt unter anderem systemkonform – zu beraten. Eine Hilfe dazu könnte dieser Überblick sein.

Syntax

1 Sätze als Einheiten der Kommunikation

Eine Syntax ist ein System von Termini und Regeln zur Beschreibung (und ggf. zur Erzeugung) von Sätzen. Von den mehr als 200 bekannten Satzdefinitionen soll sinngemäß die von Otto Jespersen gelten:

> ***Ein Satz ist eine sprachliche Äußerung, die vollständig und unabhängig ist, was sich dadurch erweist, dass sie allein steht oder stehen könnte.***

Andere Entscheidungskriterien sind Verständlichkeit und „Wohlgeformtheit" von Äußerungen; praktisch läuft es immer darauf hinaus, dass kompetente Sprecher, in der Regel mit dem Problem vertraute Muttersprachler, in Zweifelsfällen über „richtig" oder „falsch" entscheiden können.

1.1 Satzarten

Wir unterscheiden Verbalsätze, Ellipsen, Kurz- und Einwortsätze. Syntaktisch beschreibbar sind nur **Verbalsätze** – sie enthalten grundsätzlich mindestens eine Verbform (s. 2.3.3) – und so genannte **Ellipsen**, das sind „unvollständige" Sätze, bei denen die fehlenden Teile in der betreffenden Situation von kompetenten Sprechern zweifelsfrei ergänzt werden können:

(1) (Ich wünsche dir einen) *Guten Morgen!*
(2) (Ist) *Alles in Ordnung?*
(3) (Wenn das) *Ende gut* (ist), (ist) *alles gut.*

Elliptische Sätze können bis auf ein einziges Wort reduziert sein:

(4) *(Wer hat heute Nacht um drei in der Küche Saxophon gespielt?) – Otto!*

In Dialogen ist diese Art verkürzter Satzbildung so üblich, dass sie im Unterricht meistens nicht thematisiert wird, zumal sie wohl in allen Sprachen vorkommt; in Anfängerkursen ist es aber oft sinnvoll, die Antwort „im ganzen Satz" zu fordern, um die Wortstellung üben zu lassen – doch sollte ein Hinweis auf den Übungscharakter nie fehlen, weil den Lernern die Künstlichkeit der Situation sehr deutlich bewusst ist.

Kurz- und Einwortsätze haben keine nach grammatischen Regeln analysierbare Struktur; ihre Bedeutung muss (müsste!) im Lexikon beschrieben werden wie die von „normalen" Wörtern:

(5) *Ein Mann, ein Wort!*
(6) *Hallo!*

1.2 Satzstruktur

In der Syntax werden (Verbal-)Sätze beschrieben, genauer gesagt, die Beziehungen zwischen den Wörtern oder Wortgruppen, durch die sich die Sätze konstituieren. Diese Beziehungen werden im Deutschen auf vier verschiedene Weisen markiert.

1.2.1 Markierung der syntaktischen Beziehungen durch Flexionszeichen

*Haus – Haus**es**; **der** Fisch – **dem** Fisch; gehen – **gingst**; groß – gr**öß**er; …*
Solche Zeichen für grammatische Merkmale heißen **Formanten** oder (grammatische) **Morpheme.** Morpheme können „Nullform“ haben wie das Akkusativmorphem in *Man gab ihm Brotϕ;* oder sie können in den lexikalischen Bedeutungsträger „Wort“ vollständig integriert sein, also nicht abtrennbar: *ging* = geh- + 1. / 3. Person + Singular + Präteritum. Das ist typisch für flektierende Sprachen, also für alle indo-europäischen Sprachen und z. B. auch für Arabisch und Hebräisch, während es agglutinierenden Sprachen wie Türkisch oder Japanisch fremd ist. Die Flexionsmorpheme des Deutschen können in geschlossenen Listen aufgeführt werden.

1.2.2 Markierung der syntaktischen Beziehungen durch Funktionswörter

(Konjunktionen, Subjunktionen, Präpositionen, Pronomen, …)
Schwierigkeiten bei der Behandlung bestehen u. a. darin, dass gleich lautende Wörter derselben Wortart, aber verschiedenen Bedeutungskategorien angehören können:

*Er kroch **aus** seiner Behausung, die **aus** einem Fass bestand.*

Die Präposition *aus* hat hier einmal konkret räumlich-direktionale Bedeutung, einmal rein formal-syntaktische.

Die funktionale Übereinstimmung von grammatischen Morphemen und Funktionswörtern ist offensichtlich: Die Markierung dessen, was u. a. im Deutschen als < Genitiv > bezeichnet wird, erfolgt im Französischen immer, im Englischen meistens und im Deutschen manchmal (ersatzweise) mit einer Präposition: *Die Schriften **von** Erasmus* anstatt *Erasmus' Schriften* oder *Die Schriften des Erasmus.*

In den Kapiteln Ergänzungen und Nebensätze wird ausführlich auf Funktionswörter eingegangen.

1.2.3 Markierung der syntaktischen Beziehungen durch die Satzmelodie

Du lachst?

Das Fragezeichen symbolisiert hier den Ton, der die Aussage zur Frage macht. Chinesen, Thais, Vietnamesen und Sprecher verwandter Sprachen, in denen Tonintervalle an der Markierung der lexikalischen Bedeutung beteiligt sind, haben mit unseren Satzmelodien Schwierigkeiten. Das Deutsch von Lernern mit solchen Ausgangssprachen klingt anfangs oft monoton bis zur Unkenntlichkeit.

1.2.4 Markierung der syntaktischen Beziehungen durch die Wortstellung

Ist Grammatikunterricht nötig? – Grammatikunterricht ist nötig!

Das Deutsche hat eine sehr differenzierte Flexion (s. Morphologie); für das Beziehungsgefüge des Satzes ist die Wortstellung von relativ geringer Bedeutung, dementsprechend ist sie – abgesehen von einigen Grundregeln (s. 1.3) – ziemlich frei. Im Englischen ist es gerade umgekehrt, die Flexion ist stark reduziert, aber die Stellung ist ziemlich streng geregelt. Das ist natürlich kein „Zufall"; auf die eine oder andere Weise muss die syntaktische Funktion von Wörtern und Wortgruppen ja kenntlich gemacht werden.

In vielen asiatischen Sprachen gibt es überhaupt keine morphologischen Veränderungen von Wörtern, d. h. keine Flexion; die gesamte Syntax besteht dort überwiegend aus Wortstellungsregeln. Wenn Sprecher solcher Sprachen, z. B. Chinesen, Deutsch als Zweitsprache lernen, sollte der Lehrer sich am Anfang darauf einstellen, indem er den Sinn der Flexion anhand von Beispielen erklärt. In diesem Punkt tragen übrigens Englischkenntnisse der Lerner kaum zum Verständnis bei – die rudimentäre Flexion des Englischen macht es dem Chinesischen strukturell ähnlicher als jede andere indo-europäische Sprache!

Stellungstypen

Einen Teil der Beschreibung von Sätzen leistet die Analyse der Wortstellung auch für das Deutsche. Folgende Stellungstypen mit unterschiedlicher kommunikativer Bedeutung kommen regelmäßig vor:

1. Aussagesatz: *Die meisten Sätze **sind** Aussagesätze.*
2. W-Fragesatz / Satzfrage*: *Woran **erkennt** man eine Satzfrage?*
3. Entscheidungs-Fragesatz / Ja-Nein-Frage: ***Hat** jeder Fragesatz ein Fragepronomen?*
4. Aufforderungssatz: ***Beachte** die Stellungsregeln!*

* Der Terminus Satzfrage bezieht sich auf die Antwort: Sie ist ein Satz.

Diese Regeln gelten für geschriebene und gesprochene Texte der „Normalsprache", so genannte Gebrauchsprosa. In der Poesie können sie aufgehoben sein.

Durch die Stellung der Personalform des Verbs (s. 2.3.3) und ein weiteres grammatisches Merkmal sind die vier Satztypen eindeutig bestimmt:

Satztyp	**1. Merkmal (Stellung der Personalform)**	**2. Merkmal**
Aussagesatz	2. Position[1]	*ϕ*
w-Fragesatz	2. Position	Fragepronomen: 1. Position
Entscheidungsfragesatz	1. Position	*ϕ*
Aufforderungssatz	1. Position	Imperativ

Durch den Frageton, schriftlich durch das Fragezeichen symbolisiert, werden die beiden Fragesatztypen zusätzlich markiert. Da manche Sprachen weder Frageton noch -zeichen kennen, sollte gegebenenfalls der Gebrauch geübt werden.

Die vom Sprecher intendierte Bedeutung muss mit der „satztypischen" nicht unbedingt übereinstimmen:

Aussagesatz **als Frage** (Frageton): *Sie haben alles verstanden?*
Aussagesatz **als Aufforderung:** *Den Hund lässt du draußen!*
Fragesatz **als Aufforderung:** *Würden Sie den Satz wiederholen?*
Fragesatz **als Aussage** (ohne Frageton): *Was ist das für ein Wetter!*
Manchen Lernern bereiten die Stellungsregeln sehr große Schwierigkeiten:

#[2] *Leider Montag ich konnte nicht kommen, war ich krank!*

---

1 Eine **Position** ist in der linearen Satzkette die (abstrakte) Leerstelle für ein Satzglied, also nicht immer für ein einzelnes Wort! Daraus folgt, dass z. B. im Aussagesatz die Personalform nicht unbedingt das 2. Wort sein muss.

2 Das Zeichen # vor einer Äußerung signalisiert „grammatisch falsch".

Fehlleistungen dieser Art kann man von manchen ausländischen Studierenden sogar noch nach mehreren Semestern hören – wobei meistens keineswegs nach *leider* eine Pause gemacht wird, die auf eine Ellipse hindeuten könnte. Es empfiehlt sich, im Unterricht konsequent korrigieren zu lassen – und besonders am Anfang strikt darauf zu achten, dass einem als Lehrer keine umgangssprachlichen Ellipsen des Typs *„Hab' ich mir gleich gedacht!"* unterlaufen!

Ein fünfter Stellungstyp ist die Endstellung der Personalform des Verbs bzw. des kompletten PRÄDIKATS; sie signalisiert, meistens zusammen mit einem einleitenden Funktionswort, dass es sich nicht um einen selbständigen Satz handelt, sondern um einen so genannten NEBENSATZ: *..., ob er es weiß; ..., den man nicht versteht; ..., um sich zu informieren; ...*

Nebensätze sind satzförmige Teile von Sätzen, die man als Ganzes auch SATZGEFÜGE oder PERIODEN nennt. – Dass Teile von Sätzen selbst Sätze sein können, bereitet Sprechern des Türkischen, Koreanischen und Japanischen sowie vieler anderer Sprachen Verständnis- und Lernprobleme. (Mehr dazu s. B)

Zur Abgrenzung gegen NEBENSÄTZE werden Sätze aller übrigen Stellungstypen als HAUPTSÄTZE bezeichnet. Die Einhaltung der beiden wichtigsten Stellungsregeln für die PERSONALFORM (oder das „finite Verb") – **Zweitstellung im Aussagesatz** (ungenau oft einfach „Hauptsatz" genannt) und **Endstellung im Nebensatz** – sollte im Unterricht von Anfang an konsequent gefordert und geübt werden. Muttersprachliche Gewohnheiten können sehr hartnäckig sein!

2 Segmentierung von Sätzen

2.1 Dependenz

Es gibt verschiedene Möglichkeiten, die grammatischen Beziehungen im Satz zu beschreiben; allgemein bekannt ist das traditionelle Verfahren, SUBJEKT und PRÄDIKAT einander gegenüberzustellen und gegebenenfalls noch weitere Satzteile zu benennen: Objekte, adverbiale Bestimmungen, Prädikatsnomen und andere.

Begriffliche Uneinheitlichkeit und Schwierigkeiten bei der Definition der Segmente[1] beeinträchtigen im DaF-Unterricht die Verwendbarkeit dieser traditionellen Syntax. Bei Lernern verursacht sie unter anderem häufig das Missverständnis, jeder deutsche Satz müsse unbedingt ein Subjekt haben. Dennoch ist das Modell der dichotomen Gliederung von Sätzen bei Lehrern in Deutschland noch immer sehr beliebt, weil aus dem traditionellen Deutschunterricht vertraut; im muttersprachlichen Unterricht fallen die didaktischen Schwächen ja nicht auf, weil Grammatikkenntnisse zu Spracherwerb und -verständnis (fast) nichts beitragen.[2]

Didaktisch gut bewährt hat sich ein Syntax-Modell ohne die klassische Zweiteilung. Man geht vom VERBALKOMPLEX aus – er enthält immer mindestens **ein** Verb und entspricht im wesentlichen dem traditionellen PRÄDIKAT – und betrachtet andere Konstituenten des Satzes als davon abhängig, **dependent**; daher kommt die Bezeichnung „Dependenzgrammatik"[3]. Es werden nur noch zwei weitere unmittelbare Konstituentenklassen unterschieden, nämlich ERGÄNZUNGEN und ANGABEN, die durch die Verschiedenheit ihrer Beziehungen zum Prädikat bzw. zum Restsatz definiert sind.

---

1 Als SEGMENTE bezeichnen wir Wörter oder von kompetenten Sprechern intuitiv als zusammengehörig erkannte Wortgruppen; der syntaktische Status spielt dabei keine Rolle.

2 In Schulen außerhalb des indo-europäischen Sprachbereichs wird aus dieser Tatsache – Irrelevanz des Grammatikunterrichts für den Gebrauch der Muttersprache – offenbar in vielen Fällen die Konsequenz gezogen, ganz darauf zu verzichten. Das wiederum hat zur Folge, dass man bisweilen von Lernern, auch in Hochschulen, die naive Meinung hört, die eigene Sprache habe überhaupt keine Grammatik (!), woraus mitunter der weitere Schluss resultiert, sie sei „ganz leicht".

3 Der Begriff DEPENDENZ wird in der Linguistik oft für alle Abhängigkeits-Beziehungen im Satz verwendet, z. B. auch die zwischen Nomen, attributivem Adjektiv und Artikel.

2.2 Valenz

Dass Verben und Adjektive bestimmte grammatische Kategorien „regieren", ist eine vertraute Vorstellung: *helfen* regiert den Dativ; das bedeutet, dass der Satz *Otto hilft* ***mir*** grammatisch falsch wird, wenn man etwa *mich* einsetzt; entsprechend muss es *eingedenk* ***dieses Dilemmas*** heißen, weil das Adjektiv *eingedenk* den Genitiv regiert.

Die Eigenschaft von Verben und Adjektiven, eine bestimmte Qualität im Satz zu fordern bzw. zuzulassen und andere als „falsch" auszuschließen, heißt traditionell **Rektion;** die Selektion betrifft aber oft nicht nur einen, sondern mehrere syntaktische „Mitspieler":

(1) *Ich wohne in diesem Iglu.*
(2) *Mich friert!*
(3) *Wollen wir ihm einen Ofen schenken?*
(4) *Auf das Resultat darf man neugierig sein.*

Die Verben *wohnen, schenken* und *neugierig sein*[1] in (1), (3) und (4) *fordern* ein Subjekt, *frieren* in (2) aber nicht; *schenken* verlangt drei „Mitspieler" mit den Merkmalen <Nominativ> <Dativ> und <Akkusativ>; *wohnen* fordert neben dem Subjekt mit derselben Stringenz einen weiteren Mitspieler, der auf die Frage *Wo*? antwortet.[2]

Diese umfassendere Auswahl- bzw. Ausschlusskompetenz der Verben und prädikativen Adjektive wird **Valenz** genannt, in Anlehnung an den Begriff in der Chemie. Die Valenz gibt die Zahl der möglichen Mitspieler an, außerdem Merkmale, die diese Mitspieler haben müssen, und zwar nicht nur formale, wie z. B. <Dativ>, sondern z. T. auch inhaltliche wie <Situation> (5) oder <Richtung> (6):

(5) *Die Verletzte befindet sich* ***in der Klinik.***
(6) ***Wohin*** *hat sich die Reisegruppe begeben?*

Das Lesen eines beliebigen Textes macht jedoch deutlich, dass keineswegs immer alle Wörter oder Wortgruppen im Satz durch die Valenz kontrolliert werden:

(7) *Morgen spielt Juventus Turin ohne seinen gesperrten Libero gegen Real Madrid.*

Offensichtlich verlangt in (7) das Verb *spielen* nur ein Subjekt; für die vollständige Analyse von Sätzen sind demnach noch andere Kategorien erforderlich.

---

1 s. 3.3.2
2 s. 2.3.1

2.3 Satzglieder

2.3.1 Ergänzungen

Das Prädikat eröffnet Kraft der Valenz von Verben oder Adjektiven „Leerstellen“ im Satz für „Bewerber“ mit ganz bestimmten „Qualifikationen“. Die zu besetzenden Stellen – und auch die entsprechenden „Stelleninhaber“ – nennen wir ERGÄNZUNGEN. Unter diesem Begriff werden Segmente zusammengefasst, die in der traditionellen Grammatik heterogene Benennungen tragen: Subjekt, Objekte, Prädikatsnomen und ein Teil der „adverbialen Bestimmungen“. Das heißt, eine syntaktische Gemeinsamkeit der verschiedenen Ergänzungen wird in der traditionellen Grammatik nicht berücksichtigt:

> **Ergänzungen sind verb- (bzw. adjektiv-)spezifische Segmente.**

Betrachtet man das Problem aus der Perspektive eines gegebenen Satzes, also sozusagen „von oben“, heißt die Definition:

> **Segmente, die vom Verbalkomplex regiert werden, sind Ergänzungen.**

„Verbspezifisch“ bedeutet aber nicht in jedem Fall auch „obligatorisch“. Je nach Kontext können Ergänzungen ausgelassen werden:

(1) *Wer gibt?*

In dieser beim Kartenspielen häufigen Frage sind zwei Leerstellen des Verbs *geben* unbesetzt, die AKKUSATIV-ERGÄNZUNG (hier: *die Karten)* und die DATIV-ERGÄNZUNG (hier: *uns*). – Wenn nur die „zentrale“ Verbbedeutung wichtig ist, kann in manchen Fällen der „relationale“ Bereich ausgespart werden; wir sprechen dann von Valenz-Reduktion:

(2) *Liest du? – Nein, ich denke nach.*

Dagegen sind im Kapitel 2.2 im Beispiel (5) die SITUATIV-ERGÄNZUNG *in der Klinik* und in (6) die DIREKTIV-ERGÄNZUNG *wohin* obligatorisch; ohne sie wären diese Sätze „falsch“, d. h. ungrammatisch, nicht wohlgeformt, unverständlich oder, kurz und klar, keine Sätze.

Die NOMINATIV-ERGÄNZUNG – das SUBJEKT – hat in Aktivsätzen meistens die festeste Bindung an den Verbalkomplex, ist also normalerweise obligatorisch. Die Sonderrolle, die dem Subjekt in der traditionellen Syntax zugeschrieben wird, reduziert sich in der Valenzgrammatik darauf, dass es mit dem Prädikat in den Merkmalen <PERSON> und <NUMERUS> übereinstimmt. Im Übrigen gilt SUBJEKT einfach als eine von neun Ergänzungsklassen. Mehr als drei verschiedene Ergänzungen kommen bei einem Verb praktisch nicht vor, und jede Ergänzung erscheint nur einmal im Satz, außer bei Aufzählungen (s. 3.1, 5 und 12).

Eine rein theoretische Frage, die im Unterricht gelegentlich auftaucht, betrifft das häufig vorkommende Verb *wohnen*, ist aber von allgemeinerer Bedeutung. Die Situativ-Ergänzung (Frage: *Wo?*) ist obligatorisch, kann aber anscheinend durch ein Adjektiv ersetzt werden, das durch *Wie?* zu erfragen ist: ... *wohnt zentral / billig /...* Stünden die Adjektive wirklich in der Position der Situativ-Ergänzung, würde das zu hier nicht weiter zu erörternden Schwierigkeiten im Grammatikmodell führen. In Wirklichkeit kommutiert aber das Adjektiv gar nicht mit der Situativ-Ergänzung:

(3) *In Hamburg haben wir sehr bescheiden gewohnt.*

Offenbar ist hier Valenzreduktion möglich. Das Adjektiv ist eine Angabe. Das Beispiel zeigt, dass auch „obligatorische" Ergänzungen bei entsprechendem Kontext fehlen können, ohne dass der Satz ungrammatisch wird.

2.3.2 Angaben

Die Kategorie Angabe der Valenzgrammatik deckt sich nicht mit der traditionellen Klasse „adverbiale Bestimmungen"; nur ein Teil der Ortsbestimmungen sind Lokal-Angaben, die anderen verteilen sich auf Situativ- und Direktional-**Ergänzungen,** und einige traditionelle Objekte werden als nicht verbspezifisch zu den Angaben gestellt. (Weitere Ausführungen über Angaben s. 3.2 und 5.2)

Auch Angaben sind vom Prädikat (bzw. vom Restsatz) abhängig, wie man durch Erfragung zeigen kann:

(1) *Ida fährt* ***morgen*** *nach Dresden.* (*Wann* ***fährt*** *sie?* – Temporal-Angabe)

Im Gegensatz zu den Ergänzungen sind aber Angaben nicht verbspezifisch; d. h., durch Austauschen, Weglassen oder Einfügen irgendeiner Angabe kann ein Satz nicht grammatisch falsch werden, doch können natürlich aufgrund der Bedeutung unsinnige und paradoxe Äußerungen entstehen:

(2) ***Gestern*** *wollen wir* ***hinter dem Regenbogen*** *frühstücken.*[1]

Art und Anzahl der Angaben in einem Satz sind prinzipiell unbeschränkt. Dabei können auch mehrere Angaben der gleichen Art vorkommen:

---

1 In literarischen Texten, insbesondere in der Lyrik, können solche Äußerungen aber durchaus vorkommen! N. Chomskys „Colorless green ideas sleep furiously" hat sogar ein Gedicht provoziert.

(3) *Otto macht das **für uns ja natürlich gern noch einmal ohne zu murren*, wenn es gewünscht wird*.***
* s. 5.2

Es lassen sich leicht weitere Angaben einfügen, z. B. ***im Auto, aus Sympathie, trotz seiner Plattfüße, nach Dienstschluss*** ... In der Praxis sind dem allerdings durch das Gedächtnis der Kommunikationspartner Grenzen gesetzt.

Angaben sind **freie** Satzglieder[1], obligatorische Angaben gibt es definitionsgemäß nicht. Benannt werden die Angabe-Klassen nach ihrem inhaltlichen Beitrag zur Satzinformation: Temporal-Angabe, Negations-, Konditional-, Referenz-, Konkomitanz-, Lokal-Angabe etc. (s. 3.2). Oft ist die Klassifizierung schwierig:

(4) *Otto schaute uns **beim Schwimmen** zu.* (lokal? temporal? ... ?)

Eine vollständige Liste der Angabe-Klassen müsste alle denkbaren Bedeutungen erfassen, ist folglich nicht möglich; zur Abgrenzung gegen andere syntaktische Kategorien genügt aber im Unterricht meistens der Hinweis ANGABE.

Ob ein Segment eine Angabe ist oder eine andere syntaktische Funktion hat, geht oft nicht aus der Form hervor, sondern aus der Stellung oder aus der intuitiv erfassten Beziehung zum Restsatz:

(5)

Dagobert	*befindet sich*	***im Gefängnis.***	(ERGÄNZUNG, oblig.)
Dagobert	*sitzt*	***im Gefängnis.***	(ERGÄNZUNG, nicht oblig.*)
Dagobert	*schwitzt*	***im Gefängnis.***	(ANGABE)
*Dagobert **im Gefängnis***	*beschäftigt die Medien.*		(ATTRIBUT)

* *Er sitzt* bedeutet umgangssprachlich *„Er ist im Gefängnis“.*

2.3.3 Prädikate

Die Valenzgrammatik beschreibt den VERBALKOMPLEX als das beherrschende Segment in der hierarchischen Struktur des Satzes; von diesem Satzglied hängen Ergänzungen und Angaben ab. Weil der Terminus „Verbalkomplex“ im Wesentlichen denselben Bereich abdeckt wie „Prädikat“ in den meisten Versionen der traditionellen Grammatik, verwenden wir im Folgenden aus praktischen Gründen ebenfalls die Bezeichnung PRÄDIKAT.

1 Die oft gebrauchte Bezeichnung „freie Angabe“ ist pleonastisch, also ein „weißer Schimmel“.

Das Prädikat eines Satzes kann aus nur einer Verbform allein bestehen:

(1) *Alles* ***schläft.*** *–* ***Arbeitest*** *du? –*
Antworten *Sie bitte in ganzen Sätzen!*

Einteilige Prädikate gibt es im Deutschen nur in Präsens und Präteritum Aktiv; jede abtrennbare Vorsilbe, auch Verbzusatz genannt, bedingt jedoch auch in den „einfachen" Tempora ein zweiteiliges Prädikat:

(2) ***Schläft*** *nun alles wieder* ***ein?*** *– Er* ***arbeitete*** *bis zum Morgen* ***durch.***

Die beiden Prädikatsteile werden PRÄDIKAT I und II genannt, oder auch V_1 und V_2. V_1 ist die PERSONALFORM, so genannt, weil das konjugierte Verb das Merkmal < 1. / 2. / 3. PERSON > trägt. – Zweiteilige Prädikate sind nicht nur statistisch häufiger als einteilige, es gibt auch eine Bevorzugung in Fällen, wo von der Verbbedeutung her eine Vorsilbe unnötig wäre:

(3) *Nachts* ***sinken*** *die Temperaturen auf minus drei Grad (****ab****).*

Diese Tendenz ist möglicherweise in Folgendem begründet: V_1 und V_2 bilden in allen Hauptsatztypen eine **Satzklammer** um andere Satzteile; auch das Bild einer Brücke ist üblich, wobei V_1 und V_2 die Brückenpfeiler darstellen. Am deutlichsten ist das bei Aufforderungs- und Entscheidungsfragesätzen (4 / 5) zu erkennen. In Aussagesätzen und Satzfragen steht die Personalform nicht in der 1. Satzposition, es existiert noch ein **Vorfeld** (6 / 7). Die Prädikatsteile und die davon „eingeklammerten" Segmente bilden das Satzfeld oder **Mittelfeld**. Auch das **Nachfeld** kann besetzt sein, vor allem durch Nebensätze.

	Vorfeld	**Mittelfeld**			**Nachfeld**
		V_1	(Satzklammer)	**V_2**	
(4)		***Nimm***	*bitte die leeren Flaschen*	***mit.***	
(5)		***Möchtest***	*du vielleicht*	***wissen,***	*wer gewonnen hat?*
(6)	*Erna*	***ist***		***größer***	*als ihr Bruder.*
(7)	*Gestern*	***hat***	*er mich überraschend*	***gefragt,***	*ob er mitmachen könne.*

Vergleichsglieder mit *als* werden immer, solche mit *wie* meistens „ausgeklammert" (6). Die Beispiele (5) und (7) zeigen, dass im typischen Nebensatz alle Prädikatsteile gemeinsam am Ende stehen (s. 5). Kommen in einem Prädikat mehrere Verben vor, unterscheidet man das Hauptverb oder PRÄDIKATSVERB von den Nebenverben. Eine Gruppe von Nebenverben mit besonderer Funktion sind die HILFSVERBEN: Sie sind an der Markierung der Konjugationsmerkmale beteiligt (s. 14.1).

In der Binnenstruktur von Prädikaten können außer Verben auch andere Wortarten vorkommen (s. 3.3).

Die wichtigsten Satzstellungsregeln betreffen das Prädikat. Vielen Ausländern fällt die Einhaltung dieser Regeln schwer. Leider bringen manche Lerner schon falsche Regeln mit. Auf die Frage nach der Grundregel der deutschen Satzstellung lautet die Antwort sehr oft „Subjekt - Prädikat - Objekt". Diese Regel gilt zwar (eingeschränkt) fürs Englische, fürs Deutsche aber ganz und gar nicht! Die Personalform (V_1) steht im Aussagesatz in der 2. Position, im Vorfeld kann nahezu jedes andere Segment stehen, sogar V_2:

(1) ***Besprochen*** *haben wir das zwar, aber nicht geübt.*

Es ist deswegen irreführend, von „Inversion (des Subjekts)" zu sprechen, wenn, wie in (1), das Subjekt hinter der Personalform steht; einmal wird durch den Terminus INVERSION die falsche, aber verbreitete Ansicht unterstützt, das Subjekt gehöre in einem deutschen Aussagesatz eigentlich immer an den Anfang, und außerdem ist die 3. Position auch nicht die einzige andere Möglichkeit für die Stellung des Subjekts:

(2) *Den Tipp hat ihm heute Morgen auf der Treppe* ***die Assistentin*** *gegeben.*

Die Regel „Subjekt unmittelbar vor oder hinter der Personalform" gilt generell nur für Pronomen!

2.4 Attribute

Attribute hängen nicht unmittelbar vom Verbalkomplex ab[1]; darum bezeichnet man sie nicht als Satzglieder oder -teile. Satzglieder, d. h. Prädikate, Ergänzungen und Angaben, besetzen jeweils eigene Satzpositionen, während Attribute in der Position ihrer BEZUGSWÖRTER stehen. Sie sind Teile von Satzgliedern; das lässt sich durch Umstellung zeigen (Positionen in Klammern, Bezugswörter fett, Attribute kursiv):

(1) (**Otto,** *ein starker Raucher,*) (braucht) (*fast* **die Hälfte** *seines Geldes*) (*für schwarze* **Zigarren** *aus Kuba*).
(2) (*Fast* **die Hälfte** *seines Geldes*) (braucht) (**Otto,** *ein starker Raucher,*) (*für schwarze* **Zigarren** *aus Kuba*).
(3) (*Für schwarze* **Zigarren** *aus Kuba*) (braucht) (**Otto,** *ein starker Raucher,*) (*fast* **die Hälfte** *seines Geldes*).

1 Teile des Verbalkomplexes können aber attribuiert sein. (s. 8)

Die grafische Darstellung zeigt die Zuordnung der Attribute:

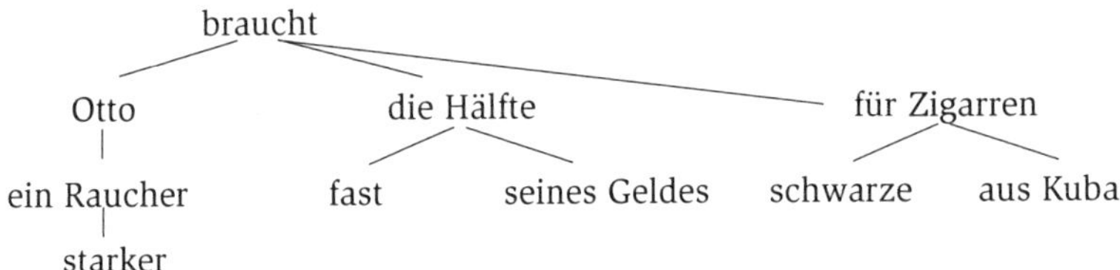

Attribute können bei Nomen, Pronomen, Adjektiven und Partikeln stehen.

Beispiele: (Bezugswörter **fett**, Attribute *kursiv*)

Das Bezugswort ist ein **Nomen:** … in dem *großen, neuen* **Haus** *dort* …
Das Bezugswort ist ein **Pronomen:** … **jeder** *von ihnen* …
Das Bezugswort ist ein **Adjektiv:** … trotz seiner *sehr* **großen** Füße …
Das Bezugswort ist ein **„Adverb":** … *ganz* **genau** dieselbe Farbe …

Attribute charakterisieren die Bedeutung ihrer Bezugswörter, indem sie sie erweitern, einschränken, präzisieren, negieren oder anderweitig modifizieren. Attribute zu Nomen lassen sich meistens erfragen:

(*Wessen* Probleme?)

Es ging um die *finanziellen* **Probleme** (*der* ***ausländischen*** *Studierenden*).

Um was für Probleme? Probleme *welcher* Studierenden?

3 Klassifizierung von Satzgliedern

3.1 Ergänzungsklassen

Für Lerner ist es nicht nur wichtig, Ergänzungen als verbspezifische, z. T. obligatorische Satzglieder zu erkennen, sondern vor allem, sie auch voneinander unterscheiden zu können, z. B. das Subjekt von der Akkusativ-Ergänzung. Der schwierigste Schritt ist die grammatisch richtige Verwendung beim Sprechen und Schreiben. Sehr viele Grammatikfehler treten in diesem Bereich auf.

Auch Fachlehrer sollten imstande sein, durch grammatische Hinweise Missverständnissen abzuhelfen, besonders beim Lesen, und Fehler in den Äußerungen von Lernern zu korrigieren – besser: korrigieren zu lassen. Wenn man Fehler beim Sprechen anmerkt – man kann sich im Unterricht auf solche beschränken, die die Kommunikation stören – dann ist es sinnvoll, die Lerner selbst die richtige Form finden, zumindest aber sie nachsprechen zu lassen; die bloße Verbesserung durch den Lehrer nützt nicht viel.

3.1.1 Nominativ-Ergänzung (= Subjekt): N

Das Subjekt wird mit *Wer?* (oder *Was?*) erfragt und mit den Personalpronomen im Nominativ pronominalisiert. Bei Missverständnissen und Fehlern hilft der Hinweis auf die Testfrage oft nicht, besonders bei Anfängern mit Muttersprachen ohne Kasus[1], denn das Finden der richtigen Antwort setzt das Erkennen des Nominativs ja immer schon voraus. Das ist in manchen Fällen ohne Vorwissen oder zusätzliche Informationen selbst für Muttersprachler unmöglich, was man sich an folgenden Beispielen klarmachen kann:

(1) *Deutschland hat England in zwei Weltkriegen besiegt.*
(Akkusativ) (Nominativ)

(2) *Alte Menschen mögen viele Kinder nicht.*

Von solchen ambigen, d. h. zweideutigen Sätzen abgesehen, ist es bei einem hartnäckigen Verständnisproblem besser, die Frage nach dem Agens oder Täter[2] stellen zu lassen; er ist in den meisten Aktivsätzen mit dem Subjekt identisch, in Passivsätzen aber **nie!**

---

1 Bei vielen Norddeutschen, vor allem Kindern, macht sich die fehlende Differenzierung von Akkusativ und Dativ im Niederdeutschen selbst dann bemerkbar, wenn sie gar kein Plattdeutsch sprechen können! („*Ick liebe dir? – ick liebe dich? …*" Berliner Dialekt.)

2 s. 3.3.4

Schwierig, allerdings kaum verständnisrelevant, ist die Unterscheidung von SUBJEKT und NOMINAL-ERGÄNZUNG, wenn beide im Nominativ stehen:

(3) *Die Lichter vor uns sind der Hafen von Dover.*

In diesem Beispiel ist *Lichter* als Subjekt kenntlich an der Numerus-Kongruenz mit der Personalform des Prädikats. Fälle wie *Das bin ich* und *Lehrer gelten als Besserwisser* s. 3. 1.9.

Bei unpersönlichen Verben (*es regnet; es geht ihr gut*) betrachten wir *es* nicht als Subjekt, sondern als Teil des Verbs (obligatorisches *es*).
Satzförmige Nominativ-Ergänzungen = Subjektsätze: s. 5.1.1

3.1.2 AKKUSATIV-ERGÄNZUNG: A

Der Terminus AKKUSATIV-ERGÄNZUNG entspricht dem traditionellen AKKUSATIV-OBJEKT zwar weitgehend, doch werden in dieser Syntax manche Segmente mit dem Merkmal < AKKUSATIV > anders klassifiziert (s. u.)

In der Valenzgrammatik gilt die Regel, dass **eine** Art von Ergänzung in einem Satz nur einmal vorkommt, es sei denn, in ihrer Position gibt es eine Aufzählung:

(1) *Die Flaschen enthielten Rot- und Weißwein oder Rosé, manche auch Sherry.*

Eine doppelte Akkusativ-Ergänzung, wie sie bei einigen wenigen Verben auftritt, wäre demnach eine Unregelmäßigkeit, und offenbar empfindet das die Mehrzahl der Muttersprachler auch so – der Gebrauch des doppelten Akkusativs ist aus dem Sprachgebrauch weitgehend verschwunden:[1]

(2) *Soll ich (dich) / dir die Vokabeln abfragen?*

An die Stelle der zweiten Akkusativ-Ergänzung tritt häufig eine Dativ-Ergänzung; das ist zwar bei vielen Lehrern verpönt – warum, ist mir nicht klar –, aber niemand kann heute noch fragen wie Kaiser Barbarossa in UHLANDS Gedicht:

(3) *„Wer hat dich solche Streich' gelehrt?"*

Das Verb *lehren* ist nur noch in Redewendungen lebendig (*Was lehrt uns das? – Jemanden Mores lehren*) und in der Bedeutung ‚Hochschullehrer sein' (ohne doppelten Akkusativ): *Sie lehrt Pädiatrie an der FU Berlin.*

---

1 Ein Sonderfall sind zwei Akkusativ-Ergänzungen in Sätzen mit lassen (s. 3.3.1, PRÄDIKATE MIT NEBENVERBEN).

Statt *lehren* benutzt man Verben, bei denen das Problem „doppelter Akkusativ“ entfällt:

(5) *Rosita hat ihm den Tango beigebracht.*
(6) *Wer unterrichtet euch in Russisch?*

Nicht jedes Segment mit Kasus-Morphem < Akkusativ > ist eine Akkusativ-Ergänzung:

Die Touristen warten auf ***den Schnee.***	Präpositional-Erg.
Die Prüfung wird ***den ganzen Tag*** *dauern.*	Expansiv-Erg.
Es hat schon ***den halben November*** *geregnet.*	Maß-Angabe
Rotkäppchen ging durch ***den Wald.***	Direktional-Erg.
Wer soll ***die Aufsicht*** *führen?*	Funktionsverbgefüge (Verbteil)
Über ***unseren Besuch*** *hat sie sich gefreut.*	Präpositional-Erg.
Wir betrachten ***das Ergebnis*** *als* ***einen Erfolg.***	Akk.-Erg.; Nominal-Erg.
Man nannte ***ihn den Alten.***	Akk.-Erg.; Nominal-Erg.
Lass ***ihn*** *doch* ***den Pudding*** *essen!*[1]	Akk.-Erg.; Akk.-Erg.

Diese Unterschiede sind zum Teil für die Entwicklung der produktiven Sprachfertigkeit erwachsener Lerner nützlich, darum sollten sie bewusstgemacht und geübt werden. (Satzförmige Akkusativ-Ergänzungen: s. 3.1.2)

3.1.3 Dativ-Ergänzung: D

Beispielsätze mit einem verbspezifischen Satzglied im Dativ:

(1) *Kann ich* ***dir*** *helfen?*
(2) *Es macht* ***mir*** *nichts aus.*
(3) *Sie hat* ***sich***[2] *das Rauchen abgewöhnt.*
(4) *Er ist* ***ihr*** *nicht gewachsen.*
(5) *Das Ergebnis entspricht* ***den Erwartungen.***
(6) *Ich bin* ***dem Kerl*** *schon wieder begegnet*[3]!

Nicht jedes Segment mit dem Merkmal < Dativ > ist verbspezifisch:

(7) *Sie hat* ***sich***[1] *ein neues Teeservice gekauft.*
(8) *Eine Tasse ist* ***ihr*** *gleich heruntergefallen und zerbrochen.*
(9) *Die Tränen standen* ***ihr*** *in den Augen.*

---

1 s. 3.3.1, Prädiakt mit *lassen.*

2 Wenn es ein Segment im Akkusativ gibt, steht das Reflexiv-Pronomen im Dativ.

3 Das Verb *begegnen* ist eine der wenigen Ausnahmen von der Regel, dass Verben mit der Vorsilbe *be-* eine Akkusativ-Ergänzung verlangen.

Bei diesen Satzgliedern handelt es sich um Angaben verschiedener Art, die man unter dem Begriff „freier Dativ“ zusammenfassen kann (s. 3.2).

Didaktisch relevant ist die Unterscheidung von Dativ-Ergänzung und freiem Dativ nur insofern, als man Lerner dadurch vor dem Irrtum bewahren kann, es gäbe im Deutschen eine unüberschaubar große Klasse von Verben mit Dativ-Ergänzung, die dann womöglich zu lernen wären.

In vielen Sprachen werden bestimmte Beziehungen zwischen Satzgliedern durch Kasusmorpheme oder durch Prä- bzw. Postpositionen markiert. Im Deutschen, anders als beispielsweise im Englischen, Französischen oder Spanischen, ist auch in präpositionalen Ausdrücken die Kasusmarkierung der Nomen zu beachten. Das bedeutet für Lerner eine zusätzliche Schwierigkeit, die noch dadurch vergrößert wird, dass gleich lautende Verben mit verschiedener Rektion und Bedeutung vorkommen; beispielsweise wird die verbreitete Neigung der Lerner, *geben* mit *‚zu‘* zu verwenden – *# Ich gebe das Buch zu dir* – immer wieder bestärkt durch Sätze mit Verbvarianten wie

(10) *Wir geben eine Spatelspitze Amylase zu der Stärkelösung.*
(11) *Man gab das Kind zu Pflegeeltern.*

Zur weiteren Verwirrung der Lerner tragen Verben mit präpositionalen Vorsilben bei:

(12) *Er hat den Diebstahl zugegeben.*
(13) *Wir haben noch fünfzig Euro zu dem Tombola-Erlös dazugegeben.*

3.1.4 Genitiv-Ergänzung: G

(1) *Die Zehn Gebote bedürfen keines Kommentars.*

Nur bei wenigen Verben gibt es Genitiv-Ergänzungen; das ist das Ergebnis einer langen sprachgeschichtlichen Entwicklung. In Texten des 19. Jahrhunderts findet man noch Sätze wie *Erinnerst du dich seiner?* (statt … *an ihn*). Heute wird auch *sich schämen* häufiger mit *für / wegen* als mit Genitiv verwendet; dass man Adjektive mit Genitiv-Ergänzung aus didaktischen Gründen zu einem heute verstaubt wirkenden Merkvers (*begierig, kundig, eingedenk* …) zusammenstellen musste, kennzeichnet die Tendenz zum Rückgang. Nur in der juristischen Fachsprache haben sich relativ viele Verben mit Genitiv-Ergänzung + Akkusativ-Ergänzung gehalten:

(2) *Man verdächtigte / bezichtigte / überführte / ihn des Diebstahls.*

Der Rückgang bei den Ergänzungen hat aber nicht dazu geführt, dass generell der Kasus Genitiv schwindet; im Zusammenhang mit der Nominalisierungstendenz in der Wissenschaftssprache kommen sehr häufig GENITIV-ATTRIBUTE vor.

Weil der Genitiv sowohl Ergänzungs- als auch Attributskasus ist, muss bei den Nebensätzen zwischen Genitiv-Ergänzungssätzen und zwei verschiedenen Typen von Genitivattributsätzen, d. h. Relativsätzen mit Relativpronomen im Genitiv, unterschieden werden (s. 5.1.4 und 5.3.1).

3.1.5 PRÄPOSITIONAL-ERGÄNZUNG: P

(1) *Wir bestehen* ***auf der Einhaltung der Vorschriften.***
(2) *Messing besteht* ***aus Kupfer und Zink.***
(3) ***Mit deinem Vorschlag*** *bin ich einverstanden.*
(4) ***Zum Tanzen*** *eignen sich Gummistiefel schlecht.*
(5) *Ob die Neue sich vielleicht* ***für den Außendienst*** *eignet?*
(6) *Liegt es* ***an den Politikern,*** *wenn niemand mehr* ***an den Fortschritt*** *glaubt?*
(7) *Kümmere dich* ***um deine eigenen Angelegenheiten!***

Bei Verben und Adjektiven mit Präpositional-Ergänzungen sind die Präpositionen nicht austauschbar; allerdings gibt es Verbvarianten – oder auch gleich lautende Verben unterschiedlicher Bedeutung – mit verschiedenen Präpositionen: *leiden an / unter; sich freuen an / auf / über; sich eignen für / zu; bestehen aus / auf / in; ...*

In den meisten Fällen ist es schwierig oder unmöglich, die von Muttersprachlern intuitiv getroffene Wahl der Präposition zu begründen; bei *sich eignen* scheint *zu* nur mit Nomen vorzukommen, die von einem Verb abgeleitet sind (4); andere werden mit *für* angeschlossen (5). Regeln dieser Art, selbst wenn sie klar formulierbar sein sollten, kann man kaum allen Lernern vermitteln; an solchen Beispielen wird der prinzipielle Unterschied deutlich zwischen der im Kindesalter quasi organisch gewachsenen unbewussten Sprachkompetenz und der später bewusst erworbenen.

Weil bei den Präpositional-Ergänzungen die Präpositionen keine inhaltliche Bedeutung haben, ergibt sich für Lerner bei den „Wechselpräpositionen" die zusätzliche Aufgabe, sich den geforderten Kasus einzuprägen. Von Anfang an ist darum im Unterricht darauf zu achten, dass nicht nur ggf. die Ablaute, sondern auch die Valenz der häufigsten Verben gelernt werden: *es liegt, -a-, -e-, an*$_D$*; glauben an*$_A$*; bestehen -a-, -a-, auf*$_D$*; beschränken* A *auf*$_A$*; ...*

Die Abkürzungen und Indizes dienen lediglich der schnellen Verständigung über morphologische und syntaktische Merkmale: *es liegt, **la**g, hat* *gelegen* ***an*** + < Dativ > ; *glauben, (glaubte, geglaubt)* ***an*** + < Akkusativ > ; ggf. wird mit *sein* auf die seltenere Form der Perfektbildung hingewiesen. Zum Lernen sind am ehesten sinnvolle Beispielsätze geeignet, wie sie in Übungsgrammatiken angeboten werden.

Bei der Substantivierung von Verben treten die verbspezifischen Präpositionen meistens unverändert in den entsprechenden Attributen auf:

(8) *Der Istwert weicht 2% **vom** Sollwert ab.* ⇒ *Die Abweichung **vom** Sollwert beträgt 2%.*

Auch in den beiden folgenden Ergänzungsklassen kommen Präpositionen vor, aber dort gibt es gewisse Wahlmöglichkeiten unter „inhaltlichen" Gesichtspunkten.

3.1.6 Direktional- (oder Direktiv-)Ergänzung: Dir

(1)	*Begeben Sie sich bitte*	***beim*** *Klingelzeichen*	***auf*** *Ihre Plätze.*
(2)	*Alle eilten*	***auf*** *Kommando*	***zur*** *Würstchenbude.*

Da offenbar keine dieser vier Präpositionen verbspezifisch ist, wären nach traditioneller Klassifizierung jeweils beide Segmente „adverbiale Bestimmungen". Dieser Terminus weist zwar auf die Verb- bzw. Prädikatsabhängigkeit der Segmente hin, der Begriff berücksichtigt aber ein für den Lerner wesentliches Kriterium nicht: *beim Klingelzeichen* und *auf Kommando* sind freie Satzglieder, also Angaben, während *zum Ausgang / auf ihre Plätze* obligatorisch sind. Verallgemeinert: Bei Verben mit dem Bedeutungsmerkmal < Ortsveränderung > wie *sich begeben, gehen, kommen* etc. ist ein Satzglied mit dem Merkmal < Richtung > (*Woher? / Wohin?*)[1] spezifisch; als Träger des Merkmals können Ausdrücke mit verschiedenen Präpositionen (oder entsprechende Prowörter) fungieren. Diese Art von Satzgliedern bezeichnen wir als Direktional-Ergänzung. Anders als bei den Kasus- und Präpositional-Ergänzungen gibt es also kein gemeinsames morphologisches Merkmal aller Direktional-Ergänzungen:

Otto trat ***aus dem Dunkel der Geschichte.***
unter das Überdach.
gegen die Tür.
an die Stelle des Ehemannes.
in ihr Leben.
auf die Bananenschale.
daneben.

1 Wenn eine Direktiv-Ergänzung auf *Woher?* antwortet und die andere auf *Wohin?*, dann können sie gemeinsam im selben Satz stehen.

Die Klasse der Verben mit Direktional-Ergänzung ist sehr groß; Verben der Ortsveränderung – *eilen, fliegen, rollen, ...*, solche, die zielgerichtete Tätigkeiten benennen – *blicken, deuten, zielen ...*, aber auch so genannte „kausative" Verben, mit Akkusativ-Ergänzung + Direktional-Ergänzung – *legen, setzen, stellen, hängen, kleben, rollen, ...*

Wegen der offensichtlichen Beziehung dieser Gruppe zu den Verben mit dem Merkmal < Situation > (*Wo?*) – *liegen, hängen, -i-, -a-* etc. – und den sich aus dieser Beziehung ergebenden Verwechslungsmöglichkeiten ist die konfrontative Darstellung von Direktiv- und Situativ-Ergänzungen im DaF-Unterricht sinnvoll und üblich.

3.1.7 Situativ-Ergänzungen: Sit

(1) *Das Geld liegt **auf der Bank.***
(2) *Ihr Leben hing **am seidenen Faden.***
(3) *Das Dorf ist **inmitten hoher Berge** gelegen.*
(4) *Ein Männlein steht **im Walde.***
(5) *Viele kleben **am Althergebrachten.***

In Sätzen mit diesen Verben ist ein Satzglied mit dem Merkmal < Situation > (*Wo?*) spezifisch. (Bei *stattfinden, passieren, sich ereignen* etc. kann *Wo?* durch *Wann?* ersetzt bzw. damit kombiniert sein!):

(6) ***Wann** und **wo** hat das 1. Ökumenische Konzil stattgefunden?*

Während direktionale Ausdrücke oft verbspezifisch sind, können situative in allen Sätzen vorkommen, ohne verbspezifisch zu sein; es handelt sich dann um lokale Angaben (s. 3.2):

(7) ***Auf Sizilien** sind wir auf den Ätna gestiegen.*
(8) *Ich hab' mein Herz **in Heidelberg** verloren.*

Mit Direktiv- und Situativ-Ergänzungen haben viele Lerner Probleme.

1. Die strikte Unterscheidung von *Wo?* und *Wohin?* / *Woher?* gibt es nicht in allen Sprachen; das führt zu Fehlern der Art

   (9) *# Legen Sie es dort / auf dem Tisch.*

2. Die „Wechselpräpositionen" (*an, auf, hinter, in, neben, über, unter, vor, zwischen*) regieren in situativen Ausdrücken den Dativ, in direktionalen Ausdrücken aber den Akkusativ; daher rührt das Missverständnis, bei Dir stehe immer der Akkusativ (von Anfängern oft sogar als „Akkusativ-Ergänzung" missdeutet!):

(10) # *Am Freitagabend fährt er zu sein Wochenendhaus.*

3. Die häufig gebrauchten Verben *liegen – legen, sitzen – (sich) setzen,* mit Unterschieden in Valenz (ohne / mit Akkusativ-Ergänzung), Konjugationstyp (stark / schwach) und Perfektbildung (regional mit *sein – Sie ist am (!) Stuhl gesessen*) – sorgen für Verwirrung, zumal bei Arabern, die oft phonetisch zunächst nicht zwischen /e̱/ und /i̱/ unterscheiden können und infolgedessen die Verben von vornherein verwechseln.

4. Die Valenz mancher Verben entspricht nicht den sozusagen „berechtigten" Erwartungen, sie ist quasi unsystematisch:

   (11) *Der Ballon landete auf einem Kartoffelacker* – (*Wo?* statt *Wohin?*)

Die selten belegten Ergänzungssätze dieser beiden Klassen s. unter 5.1.6.

3.1.8 Expansiv- (oder Expansions-)Ergänzung: Exp[1]

(1) *Der Sack wiegt* ***einen Doppelzentner*** (eine Dezitonne = 1 dz).
(2) *Der Schlauch misst* ***einen Zoll*** *im Querschnitt.*
(3) *Der erste Anregungszustand des Moleküls dauert* $\mathbf{10^{-11}}$ **s.**
(4) *Wir sind nicht* ***den ganzen Berg*** *hinaufgestiegen; das letzte Stück sind wir mit der Drahtseilbahn gefahren.*
(5) *Das hat sie / ihr* ***eine Stange Geld*** *gekostet!*

Die Expansiv-Ergänzung hat das Bedeutungsmerkmal < Betrag >. Sie kann mit *Wieviel? Wie lange? Bis wann? / Bis Wohin?* etc. erfragt werden; die Nomen stehen im Akkusativ. In (4) ist nur *den ganzen Berg* verbspezifisch, also Ergänzung; *das letzte Stück* ist eine Maß-Angabe (s. 3.2) – Wohl um den doppelten Akkusativ zu vermeiden, wird bei *kosten* die Akkusativ-Ergänzung heute oft durch einen Dativ ersetzt (5). Die Verben mit Expansiv-Ergänzung sind nicht passivfähig.

3.1.9 Nominal-Ergänzung: Nal

Der Terminus ist problematisch wegen der lautlichen Nähe zu Nominativ-Ergänzung. Dennoch ist es zu begrüßen, dass sich eine zusammenfassende Benennung gegen eine Vielzahl anderer („Identifikation", „Klassifika-

1 Es ist nicht erforderlich, die Expansiv-Ergänzung im Unterricht zu behandeln; die Beschreibung kann jedoch im Falle von Lernerfragen hilfreich sein. Da solche Akkusative auch als Angaben und Attribute vorkommen (s. dort), kann man sich darauf beschränken, sie ohne Berücksichtigung des syntaktischen Status als „Akkusativ des Maßes" zu bezeichnen.

tion", „Qualifikation", „Subsumption", ...) durchgesetzt hat. Zwar lassen sich in diesem Bereich tatsächlich mehrere Ergänzungsklassen gegeneinander abgrenzen, aber die Heterogenität innerhalb der Sammelklasse NOMINAL-ERGÄNZUNG, die Lernern Schwierigkeiten bereitet, ließe sich auch durch Unterteilung nicht beseitigen.

Am einfachsten liegt der Fall der traditionell so genannten „Prädikatsnomen". Es besteht Interdependenz mit dem Subjekt; diese Nominal-Ergänzungen stehen also im Nominativ. Sie werden mit *es / das* pronominalisiert, in den meisten Fällen auch die Pluralformen:

(1) *Macht auf, ich bin'**s,** eure Mutter!*
(2) *Die Sachsen wollten **keine Christen** sein, aber sie mussten **es** werden.*
(3) ***Ein unerklärtes Phänomen** sind die UFOs, und **das** werden sie wohl bleiben.*

Beispiel (3) zeigt, dass Subjekt und Nominal-Ergänzung unterscheidbar sind, auch wenn beide im Nominativ stehen, denn im Numerus muss die Personalform des Prädikats mit dem Subjekt übereinstimmen; die Wahl ist keineswegs beliebig, wie folgender Versuch demonstriert:

(4) *# UFOs ist ein unerklärtes Phänomen.*

Die Nominal-Ergänzung erweist sich immer als der weitere Begriff, das Subjekt als der engere, jedenfalls da, wo diese Unterscheidung möglich ist. Faustregel: Wenn mindestens eines der im Nominativ stehenden Nomen Plural ist, muss auch das Prädikat Plural sein. Nominal-Ergänzungen im Akkusativ stehen in Interdependenz mit der Akkusativ-Ergänzung im selben Satz – ein Spezialfall von „doppeltem Akkusativ":

(5) *Sie hieß / schimpfte ihn **einen Lügner.***
(6) *Man nennt ihn **Old Schwurhand.***
(7) *Wir tauften es **Mausi.***

Erfragt werden diese Nominal-Ergänzungen mit *WIE?*, pronominalisiert dementsprechend mit *so*. Die Verben mit akkusativischen Nominal-Ergänzungen sind passivfähig; bei der Passivtransformation werden beide Akkusative zu Nominativen:

(8) *Süleyman den Prächtigen nennen die Türken „den Gesetzgeber".*
⇒ (9) *Süleyman der Prächtige wird von den Türken „der Gesetzgeber" genannt.*

Verbspezifische Syntagmen mit *als* und *wie*, die auch als Angaben und Attribute vorkommen[1], zählen wir ebenfalls zu den Nominal-Ergänzungen:

(10) *Steuerhinterziehung gilt* ***als Kavaliersdelikt.***
(11) *Du hast dich aufgeführt* ***wie der Elefant im Porzellanladen.***
(12) *Mit Ärzten verhält es sich* ***wie mit Handwerkern:*** *Wenn man sie braucht, ist keiner da!*
(13) *Der Experte betrachtete das Bild genau; er betrachtet es* ***als Fälschung.***

Man kann diese Ergänzungen nicht zu den Präpositional-Ergänzungen stellen, denn erstens sind die Wörter *als* und *wie* „kasusneutral", und zweitens würde dabei die Interdependenz mit einer anderen Ergänzung nicht berücksichtigt. Diese Beziehung wird in einigen Grammatikmodellen zum Anlass genommen, solche Nominal-Ergänzungen als Satzglieder eigener Art zu beschreiben. Dagegen spricht aber, dass die Verben mit und ohne NAL deutlich verschiedene Bedeutung haben.

Die heterogene Klasse der Verben mit Nominal-Ergänzungen deckt sich weitgehend mit derjenigen, die wir als **Adjektivverben** bezeichnen:

(16) *Er ist* ***Diabetiker / zuckerkrank.***
(17) *Früher galten Badezimmer* ***als Luxus / als überflüssig.***
(18) *Du benimmst dich* ***wie ein Kind / kindisch.***

Das nahe liegende (und oft praktizierte) Verfahren, diese Adjektive ebenfalls als Ergänzungen zu beschreiben, führt leider zu Widersprüchen:

(19) *Sie war* ***einem Flirt*** *nicht abgeneigt.*
(20) *Du bist sehr lieb* ***zu mir.***
(21) *Sind Sie einverstanden* ***mit dieser Formulierung?***
(22) *Ich bin Ihnen dankbar* ***für den Hinweis.***

Die hervorgehobenen Segmente sind adjektivspezifisch, im System der Valenzgrammatik also ERGÄNZUNGEN; würde man nun die Adjektive ihrerseits als Ergänzungen des Prädikatsverbs betrachten, hätte man es entweder mit zwei völlig verschiedenen Ergänzungskategorien zu tun, – wobei die eine von der anderen abhängig wäre[2] – oder man müsste solche Ausdrücke als „spezifische Attribute" deklarieren, was ebenfalls widersprüchlich ist.

---

1 s. 8 und 9.

2 In manchen Dependenz-Grammatiken werden tatsächlich alle Segmente, die von anderen abhängen, als Ergänzungen bezeichnet. Der in diesem Grammatikmodell ge-brauchte Begriff ERGÄNZUNG muss dann als Satz- oder Prädikats-Ergänzung spezifiziert werden. Im DaF-Unterricht stiftet dieses Verfahren Verwirrung.

Unter didaktischen Gesichtspunkten ist es das kleinere Problem, die Begleiter gleich lautender Verben verschieden zu klassifizieren, je nachdem, ob es sich um Nomen (bzw. Nebensätze) handelt oder um Adjektive; darum sehen wir die prädikativen Adjektive nicht als Ergänzungen an, sondern als Teil des Verbalkomplexes, und sprechen von ADJEKTIV-PRÄDIKATEN (s. 3.3.2).

3.2 Klassen von Angaben

Angaben sind nicht, wie die Ergänzungen, verbspezifisch, d. h. ihr Beitrag zur Satzbedeutung erfolgt nicht in einer durch das Prädikat definierten Form. Dass Angaben sich nicht wie Attribute auf ein Einzelwort beziehen, sondern auf den gesamten restlichen Satz, erweist sich bei der Erfragung:

(1) *Otto will uns **morgen** besuchen.*
(***Wann*** will er uns besuchen? – ANGABE)
(2) *Das Konzert **morgen** fällt aus.* (***Welches*** Konzert? – ATTRIBUT)

Angaben können alle erdenklichen Informationen zur Aussage des Satzes beitragen, bis hin zu ihrer Negation. Eine vollständige Liste ist prinzipiell nicht möglich; die folgende nennt bekannte und weniger bekannte Bedeutungsmerkmale von Angabeklassen, die sich zum Teil auch vereinigen oder teilen lassen:

Liste von Angabe-Typen (Auswahl)

(1) *Kartoffel-Früchte sind **im Gegensatz zu den Knollen** giftig.*
ADVERSATIV-ANGABE
(2) ***Für den Kauf von Büchern** bekommt sie Geld von ihren Eltern.*
FINAL-ANGABE
(3) *Unterstützt unsere Mannschaft **mit Beifall!***
INSTRUMENTAL-ANGABE
(4) ***Wegen Erkrankung der Sängerin** fällt das Konzert aus.*
KAUSAL-ANGABE
(5) ***Unter Zurücklassung ihrer Habe** flohen die Menschen vor dem Lavastrom.*
KOMITATIV-ANGABE
(6) ***Leider** gab es in diesem Winter kaum Schnee in den Bergen.*
EXISTIMATORISCHE ANGABE, *(KOMMENTAR-ANGABE)*
(7) ***Bei starken Schmerzen** dürfen Sie zwei Tabletten nehmen.*
KONDITIONAL-ANGABE

(8) ***Zusammen mit dem Japaner Hata*** *hat Paul Ehrlich das Salvarsan entwickelt.*
Konkomitanz-Angabe

(9) ***Zum Erstaunen der Leute*** *bewegte sich der Zug auf den Schienen ganz ohne Pferde.*
Konsekutiv-Angabe

(10) *Warum seid ihr* ***trotz der Warnungen*** *auf den Berg gestiegen?*
Konzessiv-Angabe

(11) ***Aus dem Haus*** *hörten wir Gebell.*
Lokal-Angabe

(12) *Das Geld will er* ***im Wald*** *gefunden haben.*
Lokal-Angabe

(13) *Otto arbeitet* ***von früh bis spät.***
Maß-Angabe (Temporal-Angabe)

(14) *Der Ballon stieg* ***mehr als einen Kilometer*** *hoch.*
Maß-Angabe

(15) *Wir danken Ihnen* ***herzlich*** *für die Einladung.*
Modal-Angabe

(16) *Die Schuldigen wurden* ***nicht*** *bestraft.*
Negations-Angabe

(17) ***Gemäß den Richtlinien*** *muss der Gasherd von einem Fachmann angeschlossen werden.*
Referenz-Angabe

(18) *Kommst du* ***heute Abend*** *mit ins Kino?*
Temporal-Angabe

(19) *Rosita singt* ***wie eine Nachtigall.***
Vergleichs-Angabe[1] (Modal-Angabe)

(20) *Max geht* ***als Pirat*** *zum Karneval.*
Identifikations-Angabe[2] (Modal-Angabe)

(21) *Ich habe* ***mir*** *ein Paar braune Schuhe gekauft.*
Freier Dativ

(22) *Max kommt nicht mehr; es ist* ***nämlich*** *schon elf Uhr.*
Explikativ-Angabe[3]

(23) ***Vermutlich*** *hat Max unsere Verabredung vergessen.*
Existimatorische Angabe (Kommentar-Angabe)

Die Trennung von Segmenten mit lokaler Bedeutung in „situative" (< Ort >) und „direktive" (< Richtung >), wie sie bei den Ergänzungen vorgenom-

1 s. 8.2
2 s. 9
3 s. 11

men wird, sollte aus praktischen Gründen bei den Angaben unterbleiben. Hauptargument: Im Gegensatz zu Ergänzungen können Angaben in nahezu beliebiger Anzahl und Kombination im selben Satz auftreten, während die entsprechenden Ergänzungen einander ausschließen. Kommen dann beispielsweise DIREKTIONAL-ERGÄNZUNGEN und LOKAL-ANGABE im selben Satz vor, kann das zu Konfusionen führen:

(24) *Gemessenen Schrittes ging der Präsident* ***auf dem roten Teppich*** *zum Rednerpult.*

Lernern mit indo-europäischen (und vielen anderen) Muttersprachen ist die Bedeutung der meisten Angabetypen aus sich selbst heraus oder mindestens aus Erfahrung bzw. Übersetzung einsichtig. Das gilt nicht ohne Weiteres für die formal definierten Dativ-Angaben:

(25) *Ich werde* ***mir*** *jetzt einen Tee kochen.*
(26) ***Dem Nachbarn*** *ist kürzlich die Frau gestorben.*
(27) *Ihr seid* ***mir*** *schöne Demokraten!*
(28) *Ich putze* ***mir*** die Zähne. ⇐ *(Ich putze* ***meine*** Zähne.)

Für diese Angaben gilt die Regel, dass sie immer das Merkmal < PERSON > tragen. Die Bedeutung innerhalb dieser Gruppe ist nicht einheitlich; es handelt sich um Nutzen, Schaden oder anderweitige Affizierung der betreffenden Person, wofür differenzierende Bezeichnungen gebräuchlich sind. Um den begrifflichen Apparat nicht unnötig zu vergrößern, spricht man vereinfachend vom FREIEN DATIV oder, wenn es denn systemkonform eine inhaltliche Bezeichnung sein soll, von PERTINENZ-ANGABE[1].

In (25) ist der Freie Dativ gegen *für* + Nomen austauschbar. (27) ist selten und kommt nur in der 1. Person vor. (28) folgt einer Gebrauchsregel, nach der man affizierte Körperteile im Deutschen nicht gern mit Possessivartikel verwendet.

Einige Angabetypen, z. B. PROPORTIONAL- und KONSEKUTIV-ANGABEN, kommen fast ausschließlich in Form von Angabesätzen vor (s. 5.2). Man hat versucht, Regeln für die Reihenfolge von Angaben im Satz aufzustellen, denn nicht alle Permutationen sind gleichermaßen akzeptabel:

(29) *# Max ist in die Schule gestern nicht pünktlich trotz Ermahnung gegangen.*

Als Merkwort für eine Faustregel wird von einigen Praktikern „Te-Ka-N-

1 In der linguistischen Fachsprache gilt der Terminus PERTINENZ-Dativ nur für die Untergruppe der Dativ-Angaben, die an Stelle des POSSESSIVARTIKELS vor Körperteilen steht..

Mo-Lok“ vorgeschlagen: **te**mporal – (**k**ausal / **k**onditional / **k**onzessiv / **k**onsekutiv) – **Negation** –**mo**dal – **lok**al[1]:

(30) *Gestern ist Max trotz Ermahnung nicht pünktlich in die Schule gegangen.*

Angeblich repräsentiert diese Regel die durch Auszählungen ermittelte sprachübliche Reihenfolge, wenn kein Satzglied außergewöhnlich hervorgehoben werden soll. Lerner fragen nach solchen Regeln und sind dankbar für den Anhalt, den sie immerhin bieten.

Zum Stellenwert der Valenz im Unterricht

Kritische Überlegungen zum Umgang mit der Bezeichnung von Segmenten.

(1) *Ida hat sich im Zoo mit ihrem Freund getroffen.*
(2) *Ida hat im Zoo ihren Freund getroffen.*

Der mögliche Bedeutungsunterschied zwischen (1) und (2), beabsichtigte und zufällige Begegnung, beruht darauf, dass es sich um verschiedene Prädikatsverben mit unterschiedlicher Valenz handelt, reziprokes *sich treffen*$_{P\ mit}$ (Reziprok-Pronomen, s. 14.2.4) und *treffen*$_{A}$.

(3) *Ida hat sich im Zoo mit ihrer Vergangenheit beschäftigt.*

In (1) und (3) gibt es eine Präpositional-Ergänzung mit *mit*, aber die Gleichheit ist oberflächlich, denn (1) lässt sich transformieren in

(4) *Ida und ihr Freund haben sich im Zoo getroffen.*

Eine entsprechende Umformung ist bei (3) nicht möglich.

(5) *Ida hat sich mit ihrem Freund zurückgezogen.*

Hier ist, wie in (1), eine Umformung mit *und* möglich, aber da der präpositionale Ausdruck nicht verbspezifisch ist, definieren wir *mit ihrem Freund* als Angabe.[2] Außerdem ist, im Gegensatz zu (1), bei (5) die Variante *zusammen mit* möglich, was offenbar auf unterschiedlichen Bedeutungsmerkmalen der Prädikatsverben beruht.

---

1 „lokal“ steht hier nicht für Lokal-Angabe! Diese Regel stammt nicht aus der Valenzgrammatik; *Lok* ist Kürzel für Situativ- oder Direktional-Ergänzung, die in der traditionellen Grammatik nicht unterschieden und nicht gegen Angaben abgegrenzt werden. Natürlich könnte man Lok durch Dir / Sit ersetzen. Die Lokal-Angabe steht regelmäßig hinter der Temporal-Angabe. Wie ersichtlich, sind andere Ergänzungen und das Prädikat in der Regel gar nicht berücksichtigt.

2 Konkomitanz-Angabe: *zusammen mit* ≙ *und;* die Komitativ-Angabe nennt Begleitumstände.

Ausdrücke mit der Präposition *mit* kommen als Angaben unterschiedlichen Typs vor:

(6) *Sie hat sich mit Kopfschmerzen zurückgezogen.*
(7) *Trockne das Geschirr nicht mit der Gardine ab!*
(8) *Mit Beginn des Wintersemesters verlieren die alten Parkausweise ihre Gültigkeit.*

Während (5) mitunter als KONKOMITANZ-ANGABE bezeichnet wird (Frage: *GEMEINSAM MIT WEM?*), könnte (6) eine KAUSAL-ANGABE sein (*WARUM?*), je nach Kontext ggf. auch eine KOMITATIV-ANGABE (*UNTER WELCHEN UMSTÄNDEN?*), bei (7) um eine INSTRUMENTAL-ANGABE (*WOMIT?*), bei (8) um eine TEMPORAL-ANGABE (*WANN?*).

Diese Beispiele, die sich beliebig vermehren lassen, machen deutlich, dass es nicht sinnvoll wäre, Lerner mit derart komplizierten Details zu konfrontieren; in den meisten Fällen trägt nicht einmal die Unterscheidung von Ergänzungen und Angaben zum besseren Verstehen sprachlicher Äußerungen bei!

Anders liegen die Dinge bei der selbständigen Produktion. Damit elementare Fehler möglichst vermieden werden, sollte man bei den ersten 200 Verben des Grundwortschatzes unbedingt außer der Perfektbildung und ggf. Ablauten auch die Valenz lernen lassen! Dabei ergibt sich nach und nach die Unterscheidung von Ergänzungen und Angaben.

3.3 Klassen der PRÄDIKATE

Hier wird ein Überblick über die Struktur deutscher Prädikate gegeben, also das Ineinander morphologischer, syntaktischer und semantischer Merkmale. Innerhalb des Prädikats wird keine Dependenzstruktur ermittelt: der Terminus Verbal**komplex** trägt dem Rechnung. Dieses Kapitel wendet sich ausdrücklich nicht an Lerner; ihnen sollte man eine systematische Darstellung der verschiedenen Prädikatstypen ersparen.

3.3.1 Rein verbale Prädikate

Einfache Prädikate – Sie bestehen aus nur einer Verbform:

(1) ***Komm!***
(2) ***Fährst*** *du morgen an die Ostsee?*
(3) *Sie* ***starben*** *für das Vaterland.*

Einteilige Prädikate in Hauptsätzen kommen nur als Personalform im IMPERATIV, PRÄSENS oder PRÄTERITUM vor; in bestimmten Nebensätzen, nämlich in Infinitiv- und Partizipialsätzen, gibt es einfache infinite Prädikate, d. h. ohne die Merkmale PERSON, NUMERUS und TEMPUS.

Mehrteilige Prädikate

- **Prädikate ohne Nebenverben**

In Hauptsätzen sind Prädikate, die mit einem trennbaren Verb gebildet werden, immer mehrteilig[1], auch in PRÄSENS und PRÄTERITUM:

(4) ***Halte*** *dich* ***fest!***
(5) *Wann* ***fährst*** *du* ***ab?***
(6) *Wir* ***schalteten*** *den Fernseher* ***aus.***

- **Prädikate mit Nebenverben**

Bei diesen Prädikaten wird die Personalform (PRÄDIKAT 1 oder V 1, s. 2.3.3) nicht vom Hauptverb (oder Prädikatsverb) gebildet, sondern von einem Nebenverb.

- **Prädikate mit Hilfsverben**

Mit den Hilfsverben *werden, haben* und *sein* werden mehrteilige Prädikate gebildet; sie sind in der Tabelle KONJUGATIONSFORMEN (s. 14.1.1) aufgelistet. Es handelt sich um die zusammengesetzten Tempora, alle Formen des Passivs und viele Konjunktivformen.

- **Prädikate mit Modalverben**

Als Modalverben bezeichnen wir die Verben *dürfen, können, mögen, ich möchte, müssen, sollen, wollen.* Sie „modifizieren" die Bedeutung des Hauptverbs. Die Modalverben haben einige formale Besonderheiten. In der 3. Person Singular PRÄSENS haben sie nicht die Endung *-t,* weil ihre Präsensformen sprachgeschichtlich gesehen Präteritumformen sind. (Fachsprachlich heißen solche Verben PRAETERITOPRAESENTIA. Auch *wissen* gehört dazu, ist aber kein Modalverb.) Als Nebenverb kann man auch *werden* zu den Modalverben zählen. Die Modalverben bilden PERFEKT und PLUSQUAMPERFEKT üblicherweise nicht mit dem Partizip II, sondern mit dem Infinitiv (ERSATZ-INFINITIV):

(1) *Sie hat nicht kommen* ***können.***
(2) *Hattet ihr sie nicht abholen* ***wollen?***

Diese Tempora werden aber bei Modalverben nicht häufig verwendet – außer im Oberdeutschen (Bairisch, Alemannisch):

(3) *Der Bub hat den Rucksack nicht tragen wollen.*

Der richtige Gebrauch der Modalverben fällt vielen Lernern noch schwe-

---

1 Wegen der Endstellung in Nebensätzen gibt es dort auch mit trennbaren Verben einfache Prädikate, und zwar in PRÄSENS und PRÄTERITUM.

rer als die korrekte Bildung der Formen, darum sollte im Unterricht sorgfältig darauf geachtet werden. Im Folgenden werden einige typische „Stolperstellen“ gezeigt.

Nur selten kommt *mögen* in der Funktion eines Modalverbs vor,[1] am ehesten noch mit Negation:

(4) *Ich mochte ihn nicht nach seinem Sohn fragen.*

Die Bedeutung ist nicht leicht zu vermitteln; brauchbar sind Umschreibungen mit „Stimmung“, „Neigung“, „Lust“. – Viel häufiger ist der Gebrauch als „Vollverb“[2]:

(5) *Molly mag Mozart, Müsli und Maiglöckchen.*
(6) *Früher habe ich keinen Fisch gemocht.*

In dieser Verwendung erklärt man die Bedeutung ggf. mit ***gern*** *haben / essen / hören / ...;* das oft vorgeschlagene *lieben* kann u. U. missverständlich sein:

(7) *Max und Mathilde mögen sich.* ≠ (*Max und Mathilde lieben sich.*)

Die Formen *ich möchte* usw. kommen in ihrer ursprünglichen Funktion, Konjunktiv II von *mögen* nur noch sehr selten vor, und zwar als subjektiv gebrauchtes Modalverb (s. u.):

(8) *Ich kriege hier kein Super, aber mit Normalbenzin möchte es wohl 20 km gehen.*

Die Bedeutung ist, anders als beim so genannten objektiven Gebrauch, < Vermutung >. In den meisten Fällen fungiert *ich möchte* usw. jedoch als das Präsens eines selbständigen Modalverbs, mit dem Wünsche (höflich) formuliert werden:

(9) *Wir möchten morgen Abend wieder zu Hause sein.*
(10) *Ich möchte mit dem Chef sprechen.*
(11) *Möchtest du lieber am Fenster sitzen?*

Dieses Modalverb hat keinen Infinitiv und, außer dem Präsens, auch keine weiteren Tempusformen. Es gibt aber Anzeichen dafür, dass im Sprachgebrauch ein neuer Infinitiv *„möchten“* gebildet wird – ganz so wie vor langer Zeit bei den anderen Modalverben neue Infinitive entstanden sind.

1 Gelegentlich im Konjunktiv, in formelhafter Verwendung: *Möge es gelingen!* (Wunschsatz)

2 Vollverben sind Verben, die ggf. allein das Prädikat bilden können. Sie fungieren als Hauptverb, wenn es im Satz noch Nebenverben (z. B. Hilfs- oder Modalverben) gibt.

Da höfliche formulierte Wünsche sich nur auf Gegenwart und Zukunft beziehen können, kommen sie in der Vergangenheit – außer als Zitate – nicht vor. Folgerichtig müssen referierte frühere Willensäußerungen mit *wollen* gebildet werden:

(12) *Wir wollten am folgenden Abend wieder zu Hause sein.*
(13) *Ich wollte mit dem Chef sprechen.*
(14) *Hattest / hättest du wirklich nicht am Fenster sitzen wollen?*

Der lexikalisierte „Höflichkeitskonjunktiv“ *ich möchte* zu *wollen* ist keine Einzelerscheinung. Man benutzt den Konjunktiv II der Modalverben überhaupt, um seine Frage oder Aussage in die Form einer Hypothese zu kleiden, damit sie nicht aufdringlich bzw. rechthaberisch wirkt:

(15) *Könnte ich mal bei Ihnen telefonieren?*
(16) *Dürften wir Sie bitten, ...?*
(17) *Du solltest nicht so viel trinken!*
(18) *Ich würde sagen, ...*

Ein Dauerbrenner der Sprachkritik ist (18), wobei offenbar übersehen wird, dass es sich meistens gar nicht um das kritisierte Ausweichen in die Unverbindlichkeit handelt, sondern um höfliche Relativierung der eigenen Meinung.

Lieblingsmodalverb aller Lerner ist *sollen.* Vielleicht spielt dabei eine Rolle, dass *sollen* in der Konjugation keine Änderungen des Stammvokals aufweist; verwendet wird es oft falsch, nämlich als (höflich?) abgeschwächtes *müssen:*

(19) *# Ich soll diesmal die Prüfung bestehen, es ist meine letzte Chance!*

Man sollte Lerner deutlich auf die unterschiedlichen Grundbedeutungen von *müssen* und *sollen* hinweisen: < OBJEKTIVE NOTWENDIGKEIT; ZWANG, PFLICHT > vs. < FREMDER WILLE; AUFTRAG, ZWECKMÄẞIGKEIT > .

(20) *Soll ich Kaffee kochen? (=* ***Willst du*** *es?)*
(21) *Ich soll dich von Tante Erna grüßen.*
(22) *Zitronen sollte man nicht im Kühlschrank aufbewahren.*

Kaum zu erklären ist die Verwendung von *sollen* in Konditionalsätzen:

(23) *Sollten Sie sich für unser Angebot interessieren, rufen Sie uns bitte an.*

Neben der so genannten „objektiven“ Bedeutung der Modalverben und dem „Höflichkeitskonjunktiv“ gibt es noch die „subjektive“ Bedeutung, ein besonders schwer vermittelbares Kapitel; es handelt sich dabei um den Ausdruck unterschiedlich sicherer Annahmen o. Ä. (s. MITTELSTUFENGRAMMATIK).

(24) *Auf diesem Foto mag Angelika siebzehn sein.*
(vage; keine nähere Begründung)

(25) *Es kann / könnte sich um ein Passbild handeln.*
(Begründung möglich: Format des Fotos?)

(26) *Heute Nacht dürfte es regnen.*
(Es ist bewölkt, das Barometer fällt.)

(27) *Er muss / müsste heute in Paris sein.*
(Gestern war er in Bern, und morgen geht sein Schiff von Dover.)

Mit *wollen* und *sollen* in subjektiver Verwendung werden fremde Aussagen kommentiert; *wollen* kennzeichnet eine Aussage ausdrücklich als Behauptung eines anderen, die mit Skepsis weitergegeben wird:

(28) *Er will einen Ferrari besitzen / besessen haben.*

(29) *Eine Frau namens Anastasia wollte die Tochter des letzten russischen Zaren gewesen sein.*

Es handelt sich hier nicht um < WUNSCH > oder < ABSICHT >, sondern um < BEHAUPTUNG >; der Infinitiv II, – *gehabt haben / gewesen sein* – markiert den behaupteten Sachverhalt als vergangen, unabhängig davon, ob der Kommentator die Behauptung in die Gegenwart oder in die Vergangenheit verlegt. Es ist schwierig, allen Lernern den Bedeutungsunterschied zwischen (28) und (30) zu erklären (s. MITTELSTUFENGRAMMATIK):

(30) *Er hat / hatte einen Ferrari besitzen wollen.* (< WUNSCH >)

Bei subjektiver Verwendung kennzeichnet *sollen* die Aussage ausdrücklich als die eines Dritten:

(31) *Peter soll / sollte Influenza haben / gehabt haben.*

Solchen Verbalkomplexen mit Modalverben in subjektiver Verwendung gleicht das so genannte Futur II nicht nur formal, sondern auch bedeutungsmäßig:

(32) *Lisa wird Angst gehabt haben und ins Haus gelaufen sein.* (< VERMUTUNG >)

Man könnte in Anbetracht des Modalverbcharakters von *werden* die FUTUR I und II genannten Prädikatsformen ohne Schwierigkeiten aus dem Tempussystem herausnehmen – das Merkmal < ZUKUNFT > spielt sowieso nur eine geringe Rolle oder fehlt ganz, wie in (33) oder (34).

(33) *Wo ist Otto? – Er wird gerade im Garten sein oder im Keller.*

(34) *Die Kelten werden keine Schrift gehabt haben, denn man kennt keine Dokumente.*

Die Negation von *müssen*, – *nicht müssen* –, erscheint meistens als *nicht brauchen*. Ganz Norddeutschland, soweit nicht anders geschulmeistert, sagt

(35) *Da brauchst du nicht weinen!*

Aber obwohl der Duden diese Form seit langem als korrekt einstuft, ruft der gebildete Rest der Nation:

(36) *„Wer brauchen ohne ‚zu' gebraucht, braucht brauchen gar nicht zu gebrauchen"!*

Auch DaF-Lernern wird dieser „Fehler" mitunter angekreidet. Dabei ist es eigentlich ganz einfach: *müssen* ist ein Modalverb; folglich kann man *nicht brauchen* (= *nicht müssen*) als verneintes Modalverb ansehen, und bei Modalverben steht der Infinitiv **ohne** *zu*. – Man kann *nicht brauchen* aber auch als verneintes Modalitätsverb (s. u.) auffassen und es **mit** *zu* gebrauchen.

- **Prädikate mit Modalitätsverben**

(1) *Den Fehler* ***habe*** *ich nicht* ***zu*** *verantworten.*
(2) ***Bin*** *ich auch hinten gut* ***zu*** *verstehen?*
(3) *Wir* ***pflegen*** *Anhänge von E-Mails unbekannter Absender nicht* ***zu*** *öffnen.*

Als Modalitätsverben werden einige Verben bezeichnet, die, ähnlich den Modalverben, die Bedeutung des Hauptverbs modifizieren: *drohen, haben, sein, pflegen, scheinen, s. weigern, ...* Das Hauptverb steht, anders als bei Modalverben, im Infinitiv **mit** *zu*; Transformation in einen *dass-Satz* ist nicht möglich.

Modalitätsverben und gleich lautende Vollverben haben verschiedene Bedeutung:

(4) # *Sie pflegt mittags zu schlafen und ihren alten Vater.*
(5) # *Der Betrunkene drohte dem Polizisten mit der Faust und hinzufallen.*

- **Prädikate mit *hören, sehen* und *fühlen***

Sätze mit diesen Nebenverben beschreibt man am besten mit einer Transformation:

(1) *Wir haben dich wegfahren hören.*
⇒ *Wir haben dich gehört: Du fuhrst weg.*

Der Vergleich mit dem lateinischen (und englischen) AcI (Akkusativ mit Infinitiv) liegt nahe. Der Ersatzinfinitiv (... *wegfahren hören* statt ... *wegfahren gehört*) in Perfekt und Plusquamperfekt (vgl. MODALVERBEN!) ist üblich, aber nicht obligatorisch.

- **Prädikate mit *helfen***

Das Verb *helfen* wird, wie *brauchen*, mit oder ohne zu gebraucht:

(1) *Ordnung hilft (einem) Zeit sparen.*
(2) *Er half (mir) (dabei), den Zaun an der Straße mit Draht zu reparieren.*

Je mehr Begleiter der Infinitiv hat, desto stärker ist die Tendenz, *zu* zu verwenden.

- **Prädikate mit *lassen***

(1) *Sie lässt (den Tankwart) den Wagen waschen.*
(2) *Lass doch die Kinder im Garten spielen!*
(3) *Ich ließ mich (von meinem Hausarzt) gründlich untersuchen.*

Das Subjekt in Sätzen mit *lassen* bezeichnet nicht den TÄTER, sondern den INITIATOR, eine Instanz, die etwas veranlasst, erlaubt oder verbietet. Ist das Hauptverb passivfähig, kann der TÄTER als Akkusativ-Ergänzung oder aber, wie im Passiv, als Präpositional-Ergänzung mit *von* erscheinen.

In (1) gibt es zwei Segmente im Akkusativ, von denen eines den Täter bezeichnet; es ist intuitiv klar, dass diese Akkusative für je eines der beiden Verben spezifisch sind; da aber in dieser Valenzgrammatik Ergänzungen als abhängig vom ganzen Prädikat (VERBALKOMPLEX!) definiert sind, muss man in entsprechenden Sätzen mit dem Nebenverb *lassen* zwei Akkusativ-Ergänzungen annehmen. – Das gesamte Bedeutungsfeld von *lassen* lässt sich hier nicht erschöpfend behandeln.

- **Prädikate mit anderen Nebenverben**

Weitere an der Bildung von Verbalkomplexen beteiligte Verben haben eingeschränkte, einige nur umgangssprachliche Verwendungsweisen. Ein Teil der Verben mit Situativ-Ergänzung kann Prädikate mit *bleiben* als Nebenverb bilden:

(1) *Du sollst liegen bleiben!*
(2) *Bleib stehen!*
(3) *Adolf soll in der Schule zwei Mal sitzen geblieben sein.*

Ob man *bleiben* als Nebenverb oder aber als Verb mit Verbzusatz betrachtet, ist vor allem wichtig für die Frage, unter welchem Stichwort man den kompletten Ausdruck im Lexikon findet. Im Falle von *sitzen bleiben* (in der Schule) handelt es sich aber eindeutig um ein lexikalisiertes Verb, egal, was die gerade geltenden orthographischen Regeln besagen. Entsprechendes gilt für *gehen* + Verb:

(4) *Wer geht einkaufen?*
(5) *Ich gehe nicht essen, ich gehe gleich schlafen.*
(6) *Wir wollen spazieren gehen.*

Mit dem Partizip II des Hauptverbs bilden *bekommen / kriegen* Aktivprädikate, aber der Täter wird wie beim Passiv gegebenenfalls mit *von / durch* eingeführt (vgl. *lassen*):

(7) *Ich bekomme das Buch erst nächste Woche (vom Verlag) geliefert.*
(8) *In Spanien kriegte man früher die Apfelsinen (von den Händlern) nachgeworfen.*

Die korrekte Bildung solcher Sätze unterliegt Restriktionen; das Hauptverb muss ein Passiv bilden können und das Subjekt im Aktivsatz muss ein Nomen mit dem Merkmal <PERSON> sein; es steht bei der Passivtransformation im Dativ:

(9) *Das Buch wird mir geliefert.*
(10) *Die Apfelsinen wurden einem nachgeworfen.*

Als Nebenverben mit Partizip II des Hauptverbs seien noch erwähnt: *kommen* in ... *kommt (an)geflogen / gehüpft / gelaufen / gekrochen / ...* bei Bewegungsverben, und, nur umgangssprachlich, *gehören* in ... *gehört verboten / eingesperrt / abgeschafft / ...*

3.3.2 Adjektiv-Prädikate

Wie oben begründet (s. 3.1.9), werden prädikative Adjektive (bzw. wie Adjektive gebrauchte Partizipien) als Prädikatsteile angesehen. Adjektivprädikate werden mit einer relativ kleinen Gruppe von Adjektiv-Verben gebildet, die häufigsten sind *sein, werden und bleiben;* auch *gelten als, sich erweisen als, erscheinen als, halten für* etc. gehören dazu:[1]

(1) *Waren Sie mit dem Nachtisch zufrieden?*
(2) *Das Nierenversagen bei diesem Patienten bleibt unerklärlich.*

1 Die Klasse der ADJEKTIV-VERBEN stimmt weitgehend mit der Klasse der Verben mit NOMINAL-ERGÄNZUNGEN überein.

(3) *Das kommt mir spanisch vor.*
(4) *Unser Verdacht hat sich als begründet erwiesen.*

Prädikative Adjektive bzw. Partizipien[1] können Attribute bei sich haben:

(5) *Heute Morgen bin ich endlich 'mal wieder richtig ausgeschlafen.*
(6) *Ich bin immer noch müde wie ein Hund.*[1]
(7) *Viele der in einem Test Befragten hielten Blei für schwerer als Gold.*[2]

3.3.3 Prädikate mit nominalen Teilen

- **Funktionsverbgefüge (FVG)**

In der Valenzgrammatik gilt die Übereinkunft, dass als Satzglieder nur solche Segmente anzusehen sind, die kommutieren, also gegen andere Elemente ihrer Klasse austauschbar sind. Folglich wird z. B. *sich* bei *aneignen* nicht als Dativ-Ergänzung betrachtet, sondern als Teil des komplexen Verbs *sich aneignen A*. Entsprechendes gilt für das nominativische *es* in *es gibt*. Derselbe Grundsatz ist anzuwenden bei Sätzen folgender Art:

(1) *Viele Fragen wurden gestellt.*
(2) *Wir ziehen juristische Schritte in Erwägung.*
(3) *Für solche Diskussionen stehe ich nicht mehr zur Verfügung.*
(4) *Zunächst bringe man zwei Liter Wasser zum Kochen.*
(5) *Die Regierung brachte das Gesetz zur Abstimmung.*
(6) Newton *lehnte es ab, Hypothesen aufzustellen.*

In Ausdrücken wie *eine Frage stellen, in Erwägung ziehen* usw. können die Nomen nicht wie Ergänzungen erfragt werden: # *Wohin ziehen wir juristische Schritte?*

Man betrachtet die Segmente als komplexe Verben und bezeichnet sie als Funktionsverbgefüge (FVG), weil das nicht kommutierende Verb fast ausschließlich Funktionsträger für Konjugationsmerkmale (<Person>, <Tempus> usw.) ist. Es gibt einen „präpositionalen" und einen „akkusativischen" Typ der FVG. Die Nomen sind immer Abstrakta, in der Regel von Verben abgeleitet. Die lexikalische Bedeutung trägt das Nomen:

eine Frage stellen ⇒ *fragen*
in Erwägung ziehen ⇒ *erwägen; als Möglichkeit betrachten*
zur Verfügung stehen ⇒ *verfügbar sein*
zum Kochen bringen ⇒ *(bis zum Siedepunkt erhitzen)*
zur Abstimmung bringen ⇒ *(parlamentarisch entscheiden lassen)*

1 s. 14.3, Adjektive
2 s. 8.4

Wie die Beispiele zeigen, kann ein einfaches Verb nicht immer die genaue Bedeutung eines FVG wiedergeben. Wegen der Valenz-Reduktion bei FVG – es gibt insgesamt weniger Ergänzungen, bzw. ihre Bindung an das Prädikat ist nicht so fest wie bei den entsprechenden einfachen Verben – eignen sie sich gut für sprachliche Verschleierungsmanöver; man vergleiche die folgenden (frei erfundenen) Aussagen:

(7) *Die Geschäftsleitung hat sich entschlossen.* (Wozu entschlossen??)
(8) *Die Geschäftsleitung hat einen Entschluss gefasst.* (Na endlich!)

Während beim einfachen Verb oder Adjektiv die „Leerstelle" für die Ergänzung deutlich ist, klingt der Satz mit FVG sprachlich komplett.

Der Gebrauch von FVG wird u. a. wegen solcher Ungenauigkeiten (und auch wegen des Beigeschmacks von „Amtsdeutsch") oft kritisiert, doch ist völlige Vermeidung weder möglich noch wünschenswert; es würden Ausdrucksmöglichkeiten verloren gehen: *Wir bleiben im Gespräch* ist nicht genau dasselbe wie *Wir sprechen (weiterhin) miteinander,* und wie paraphrasiert man *Aufsehen erregen*?

Lerner brauchen bei der Begegnung mit FVG öfters Hilfestellung; beispielsweise wird nach der Bedeutung von *begehen (einen Fehler)* gefragt, oder die Anweisung *„Stellen Sie die Diagnose!"* provoziert die Frage *„Wohin?"*. Es empfiehlt sich, schon im Anfangsunterricht einige der frequentesten FVG als Vokabeln lernen zu lassen.

Manche Gefügenomen können Attribute haben:

(9) *Wir stellen Ihnen einen Firmenwagen zur <u>freien</u> Verfügung.*

Besonders bei den akkusativischen FVG existiert eine „Grauzone", wo man für die Frage „Gefügenomen oder Ergänzung?" keine eindeutigen Entscheidungskriterien hat: *einen Verdacht haben; Nervosität verraten …*[1]

• Andere Fügungen

Zu unterscheiden sind FVG von bildhaften Redewendungen, deren Teile zwar auch nicht frei kommutieren, die aber syntaktisch einwandfrei analysierbar sind, sodass man die Nomen als idiomatisch fixierte Ergänzungen betrachten kann; manche sind auch erfragbar:

(10) *Sie fällt einem auf die Nerven.*
(11) *Das stellt alles Bisherige in den Schatten.*

---

1 Probevorschlag: Verknüpfung mit *auch etwas:* ***Sie verriet Nervosität,*** *# und er verriet auch etwas.* **(FVG!)**

(12) *Er musste seinen Hut nehmen.*

Solche Wendungen sind also nicht als komplexe Verben anzusehen. Soweit sie dennoch ins Lexikon aufgenommen sind, erscheinen sie wie FVG unter ihren Nomen.

Die Bildhaftigkeit eines Ausdrucks ist oft schwer zu erkennen, von DaF-Lernern meistens gar nicht, weil der sprachgeschichtliche oder soziokulturelle Hintergrund fehlt: *vom Zaun brechen*$_A$, *die Stange halten*$_D$, *ein Bein stellen*$_D$, *auf die Folter spannen*$_A$, *auf / aus dem Leim gehen* ... Die Nähe zu den FVG ist jedoch unverkennbar; die Verben in solchen Fügungen sind oft ebenso bedeutungsschwach wie dort. Ein Beispiel für den Übergang von der „vollen" Verbbedeutung über die bildhafte zur rein syntaktischen:

(13) *Die Fischer zogen den erschöpften Schwimmer ins Boot, seine Geschichte in Zweifel und ihn dann auch noch durch den Kakao.*

Es ist unnötig und überdies auch kaum möglich, die unterschiedlichen Typen von mehr oder weniger festen Fügungen aus VERB / ADJEKTIV (+ PRÄPOSITION) + NOMEN systematisch zu behandeln. Zwischen dem Bereich rein lexikalisch zu wertender bildhafter Ausdrücke, Metaphern und Redensarten sowie syntaktisch relevanten komplexen Verben gibt es unscharfe Grenzen, und ob ein sprachliches Bild als solches erkannt wird, hängt selbst bei Muttersprachlern vom individuellen Erfahrungshorizont ab.

Als Hilfe beim Verstehen genügt es, die Bedeutung zu erklären. Als Unterrichtsgegenstand sind allein FVG wichtig. Die meisten anderen Fügungen kann man unter dem Thema „Idiomatik" zusammenfassen, und das ist ein schwieriger und höchst sensibler Bereich der Sprache, der weitgehend dem ungesteuerten Spracherwerb überlassen bleiben muss. Dazu eine Anekdote aus einer längst vergangenen Zeit bürgerlicher Geselligkeit: Ein ausländischer Praktikant in Deutschland hat gelernt, dass *„Schwein haben" Glück haben* bedeutet. Er ist bei einer deutschen Familie zu einer Festlichkeit eingeladen; der Hausherr fragt ihn: *„Haben Sie denn schon mit meiner Tochter getanzt?"* – Antwort: *„Nein, dieses Schwein hatte ich noch nicht!"*

3.3.4 Das Passiv

Folgender Typ mehrteiliger Prädikate ist das syntaktische Merkmal von Passivsätzen:

|| **eine Form von *werden* (bzw. *sein*) + Partizip II des Prädikatsverbs**

Da nahezu jeder Passivsatz in einen Aktivsatz umgeformt werden kann – was umgekehrt nicht gilt! – beziehen sich SATZBAUPLÄNE (s.12) immer auf Aktivsätze mit den entsprechenden Verben. Vor einer Übung zur formalen Satzanalyse ist darum ggf. eine Aktivtransformation (s. u.) vorzunehmen.

Es gibt viele Versuche, den Einfluss von AKTIV und PASSIV auf die Satzbedeutung zu formulieren, doch die mir bekannten Vorschläge finde ich nicht überzeugend. Es scheint mir daher sinnvoll, im Unterricht das Passiv zunächst rein formal einzuführen.

Äquivalente für AKTIV und PASSIV existieren anscheinend in allen Sprachen, aber die Gebrauchsregeln können verschieden sein. So gibt es, anders als im Deutschen, in manchen asiatischen Sprachen Restriktionen gegen das Aktiv. Eine Entsprechung des deutschen Aktivsatzes

(1) *Ein Erdrutsch verschüttete das Dorf*

wäre dort nicht akzeptabel, sondern nur das Passiv-Äquivalent

(2) *Das Dorf wurde durch einen Erdrutsch verschüttet,*

weil als TÄTER[1] in einem Aktivsatz angeblich nur Bezeichnungen für belebte Wesen möglich sind. Das könnte eine Quelle des folgenden komplexen Fehlertyps sein:

(3) # *Nach Zugabe von 2 ml 0,5molarer Salzsäure wurde ein Farbumschlag aufgetreten.*

Eine andere Schwierigkeit, und zwar gerade für Sprecher europäischer Sprachen, ist die Existenz von zwei Passiv-Paradigmen im Deutschen, *werden* – und *sein* – PASSIV, wobei letzteres zur Formulierung „vollendeter Tatsachen“ dient und folglich meistens ohne TÄTER gebraucht wird:

(4) *Die Relativitätstheorie ist bewiesen.*

Dieses „Zustandspassiv“ ist, offenbar weil vielen Lernern aus ihren Muttersprachen die Bildung mit *sein*-Äquivalent vertraut ist, sehr beliebt – und wird vorwiegend falsch gebraucht! Authentische schriftliche Äußerung eines Studenten aus den USA:

(5) # *In die ganze Welt, fremde Tourists sind von den Nativen über die Ohren gehaut.*

---

1 Da „Täter“ immer an Kriminalroman und Justiz erinnert, wäre der Terminus „Agens“ vorzuziehen, aber TÄTER hat sich weitgehend eingebürgert.

Fachlehrerinnen und -lehrer an Studienkollegs und ähnlichen Instituten zur Ausbildung von Ausländern sollten die hier formulierten Grundregeln der Passivbildung im Deutschen kennen, damit auch sie bei Fehlleistungen über das Verdikt „falsch“ hinaus helfend eingreifen können.

Es gelten folgende Transformationsregeln:

PASSIVSATZ	⇔	**AKTIVSATZ**
PASSIV-PRÄDIKAT	⇔	**AKTIV-PRÄDIKAT**
(PRÄP.-ERG. mit *von / durch* = TÄTER)	⇔	**SUBJEKT = TÄTER**
(SUBJEKT)	⇔	**(AKK.-ERG.)**

Alle anderen Segmente bleiben unverändert. Eingeklammerte Glieder können fehlen: Bei Verben ohne AKKUSATIV-ERGÄNZUNG hat der Passivsatz kein SUBJEKT (!); wenn es im Passivsatz keinen TÄTER gibt, steht im Aktiv *man* o. Ä.:

(6) *Über diesen Witz wurde nicht gelacht.* ⇔ *Über diesen Witz lachte niemand.*

Für Lerner ist nicht nur wichtig, wie das Passiv gebildet wird, sondern auch, in welchen Fällen kein Passiv gebildet werden kann.

In den folgenden Fällen kann **kein Passivsatz** gebildet werden:

Subjekt im Aktivsatz ist nicht der TÄTER:	*Das Seminar findet morgen statt.*
Das Perfekt wird mit *sein* gebildet*:	*Es ist Säure ausgelaufen.*
Das Verb wird reflexiv gebraucht:	*Ich werde mich beschweren.*

* Von dieser Regel gibt es einige Ausnahmen; sie betreffen Verben mit dem Merkmal <Fortbewegung> und Ableitungen davon:

(7) *Auch in Schweden wurde früher auf der linken Straßenseite gefahren.*
(8) *Auf die Einwände der Opposition sollte am folgenden Tag eingegangen werden.*

Auch für strenge Aufforderungen, vor allem an Kinder, gibt es eine umgangssprachliche Verwendungsweise des Passivs, bei der die Restriktionen außer Kraft sind:

(9) *Jetzt wird sich gewaschen.*
(10) *Beim Essen wird sitzen geblieben und nicht herumgelaufen.*

Im Zusammenhang mit der Passivbildung werden oft die Bezeichnungen „transitive“ und „intransitive“ Verben gebraucht; ursprünglich handelt es sich um sprechende Termini zur Erklärung der „Passivbedeutung“: Beim transitiven Verb soll das Geschehen vom Subjekt auf das Akkusativobjekt

„übergehen" (lat. *transire*). Das setzt das Vorhandensein eines Akkusativobjekts voraus, und so bedeutet „transitives Verb" für das Deutsche einfach „Verb mit Akkusativ-Ergänzung", „intransitives" ohne. In der Valenzgrammatik sind die Termini überflüssig und irreführend. Bei neun Ergänzungsklassen und entsprechend zahlreichen Satzbauplänen ist eine zusätzliche dichotome Klassifizierung der Verben nicht sinnvoll, und außerdem bilden keineswegs alle Verben mit Akkusativ-Ergänzung ein Passiv (s. o.):

(9) *Sie kriegt ein Kind. – Er schüttelte den Kopf. – Wie oft rasierst du dich?*

In wissenschaftssprachlichen Texten ist das Passiv sehr häufig, auch das sonst seltene *sein*-PASSIV; es entspricht der Textsorte, keinen TÄTER zu nennen:

(10) *Zu Beginn der Neuzeit wurden viele Frauen als so genannte Hexen verbrannt.*
(11) *Die Kerze unter der Glasglocke erlischt, sobald der Sauerstoff verbraucht ist.*

Der Transformationszusammenhang von PASSIV und AKTIV bietet viele Übungsmöglichkeiten für morphologische und syntaktische Regularitäten verschiedener Art. Ein Beispiel möge zeigen, was gemeint ist:

(12)

Einige Journalisten	*wollten*	*ihn*	*als Zeugen*	*des Vorfalls*	*interviewen.*
Von einigen Journalisten	*sollte*	*er*	*als Zeuge*	*des Vorfalls*	*interviewt werden.*

4 Klassen der Attribute

Linksattribute stehen vor dem Bezugswort, Rechtsattribute dahinter.

4.1 Linksattribute

- **Adjektive** als Attribute: ... den ***neuen*** Kurs; ... mit ***lautem*** Singen
- **Partizipien** als Attribute: ... trotz ***steigender*** Preise;
  ... ***geschriebenes*** Deutsch
- **Partikeln** als Attribute: ***zu*** viel; ... eine ***fast*** reife Tomate;
  ... ***auch*** dein Hund

Attributiv gebrauchte Partizipien können **„erweitert"** sein:

... ***von den alten Bäumen im Park fallende*** *welke* Blätter ...
... aus einem ***1990 von Otto an seinen Vater geschriebenen*** Brief ...

Solche erweiterten Attribute lassen sich durch Transformation aus Relativsätzen herleiten (s. 6.2).

4.2 Rechtsattribute

Nominalgruppen, Prowörter[1] und Nebensätze als Attribute stehen normalerweise hinter ihrem Bezugswort.

- **Genitivattribut:** ... im Zimmer *des Direktors*
  ... nach Meinung *aller*
- **Präpositionalattribut:** ... die Schiffe *von Kolumbus*
  ... für die Maschine *nach Delhi*
- **Prowort-Attribut**[1]: ... in dem Wäldchen *dort*
  ... der Krimi *gestern Abend*
- **Apposition:** ... der SPIEGEL, *ein Nachrichtenmagazin,* ...
  ... von Andrew, *einem Schotten,* ...
- **Identifikations-Attribut:** ... du *als Ärztin* ...
- **Vergleichsattribut:** ... viel jünger *als ich*; ... *so* lang *wie breit*
  ... ein Mann *wie ein Bär*
- **Satzförmige Attribute:** s. 5.3

---

1 Orts- und Zeit-„Adverbien" wie *hier, drüben, damals, heute* etc. kann man auch als PROWÖRTER bezeichnen, quasi als Pronomen anstelle nominaler Ausdrücke wie *in Berlin, am 9. November, jenseits der Demarkationslinie.* Gerade ihre Stellung bei attributivem Gebrauch weist solche Wörter als besondere Wortklasse aus! (s. 7 und 15.3.2)

Der Namensgenitiv, auch bei weiblichen Vornamen mit *-s* (!), steht **links** vom Bezugswort anstelle eines Artikels[1], andernfalls **rechts:**

(1) *Deutschlands Hauptstadt ist Berlin.*
(2) *Die Hauptstadt Schwedens ist Stockholm.*

Ein häufiger Fehlertyp:

(3) # ***Die** Peters Mutter stammt aus Wien.*

Das Genitivattribut wird meistens durch ein Präpositional-Attribut mit *von* ersetzt, wenn keine Kasusmarkierung erkennbar ist: *Heinz' Handschrift* → *Die Handschrift von Heinz.* Einen Apostroph vor der Genitiv-Endung – *Heidi's Imbiss* – sieht man immer häufiger, vielleicht verursacht durch das Englische in der Werbung; offenbar herrscht in diesem Bereich große orthographische Unsicherheit! Zwei aktuelle Beispiele: *Wir kaufen alle Auto's. - Klau's Kneipe.*

Die Linksstellung des Genitivattributs kommt, besonders in älteren poetischen Texten, nicht nur bei Namen vor: *in der Heimat grünen Auen* (anstatt *in den grünen Auen der Heimat*).

Zum Verstehen einer Textpassage ist es manchmal nötig zu entscheiden, ob ein Segment Angabe oder Attribut ist:

(4) *Otto hat einen Aufsatz über resistente Erreger **im Krankenhaus** geschrieben.*

Über **was für** resistente Erreger hat er einen Aufsatz geschrieben? (Präpositional-Attribut). - **Wo** hat er einen Aufsatz über resistente Erreger geschrieben? (Lokal-Angabe).

Nicht jeder Fall liegt so einfach; man sollte im Unterricht auf solche syntaktischen Mehrdeutigkeiten aufmerksam machen und zur Verdeutlichung das fragliche Segment umstellen lassen:

(5) *Über resistente Erreger **im Krankenhaus** hat Otto …*
***Im Krankenhaus** hat Otto …*

---

1 s. auch 5.3.1

5 Nebensätze und ihre Klassifizierung

Nebensätze allein sind unverständlich, also keine SÄTZE im Sinne unserer Satzdefinition (s. 1). Es sind Teilsätze[1]. Beispiele:

(1) *dass Deutsch schwierig ist*
(2) *ob Max Zigarren raucht*
(3) *wie das passieren konnte*
(4) *damit es klarer wird*
(5) *um nach Lösungsmöglichkeiten zu suchen*
(6) *einen Roman zu schreiben*
(7) *dessen Namen ich mir nicht merken kann*
(8) *als das römische Reich jemals war*
(9) *die Bescheinigung liege im Büro*
(10) *hätte sie vorher angerufen*
(11) *was zu keinem Ergebnis führte*

Die Unverständlichkeit von isolierten Nebensätzen beruht nicht generell auf dem Nichtvorhandensein von Teilen, sondern vor allem auf dem einleitenden Funktionswort und der Stellung des Prädikats am Ende; bei (9) und *(10)*, auf die das nicht zutrifft, ist es der Konjunktiv, der signalisiert, dass es sich um abhängige Segmente handelt.

Leicht wird übersehen, dass in vielen Fällen gerade der zugehörige „Hauptsatz" unvollständig (und damit unverständlich!) in dem Sinn ist, dass Satzglieder fehlen:

(a) *es wurde behauptet*
(b) *keiner weiß*
(c) *Max hat vor*
(d) *Russland ist größer*
(e) *sie diskutieren das Problem*
(f) *draußen steht der Student*
(g) *wäre ich zu Hause geblieben*

Es fällt nicht schwer, diese Teilsätze zu kompletten Sätzen zu kombinieren, die dann als SATZGEFÜGE oder PERIODEN bezeichnet werden. Für jeden Teilsatz gilt, dass er ein Prädikat hat, bestehend aus mindestens einer Verbform.

Wie schon erwähnt, bereitet die Vorstellung, dass ein Satz aus mehreren

1 Der Terminus TEILSATZ schließt unvollständige Hauptsätze und Attributsätze ein; GLIEDSÄTZE sind nur die Ergänzungs- und die Angabesätze.

Teilsätzen mit eigenem Prädikat besteht, vielen Lernern mit Muttersprachen ohne Nebensatzkonstruktionen große Schwierigkeiten. Manchmal ist Visualisierung des Satzbaus hilfreich (s. B).

Die verschiedenen Nebensatz-Typen werden traditionell nicht nach einheitlichen Kriterien benannt, was den Lernern oft Verständnis und Überblick erschwert. Die einfachste und zunächst einleuchtende Methode besteht darin, Nebensätze nach ihren Einleitungs-Wörtern zu benennen: *(1) dass*-Satz, *(2) ob*-Satz, *(3) wie*-Satz, *(4) damit*-Satz. Bei *(5)* und *(6)* passt das Verfahren augenscheinlich nicht ganz; folgt man trotzdem der äußeren Form, werden die Segmente als „Infinitiv-Konstruktionen" bezeichnet. Meistens nennt man aber *(4)* und *(5)* nach ihrer Bedeutung „Finalsätze"; bleiben wir beim Merkmal < Bedeutung >, heißt die Bezeichnung für *(1)* und *(9)* „Inhaltssatz", sofern man *(a), Es wurde behauptet,* als Hauptsatz wählt; *(2)* und *(3)* sind „indirekte Fragesätze", *(10)* ist ein „Konditionalsatz" und *(11)* ein „weiterführender Nebensatz". *(6)* kann, außer rein formal durch den Infinitiv, nur anhand des zugehörigen Hauptsatzes definiert werden:

(6 c) Max hat vor, einen Roman zu schreiben.

Die Benennung nach der syntaktischen Funktion wäre in der traditionellen Grammatik dann (Akkusativ-)„Objektsatz" – entsprechend „Subjektsatz" für *(1 a)*. *(7)* wird generell mit „Relativsatz" benannt. Einige Schwierigkeiten bereitet *(8)*; selbstverständlich ist die von Lernern mitunter unüberlegt vorgeschlagene Benennung „Temporalsatz" falsch. „Vergleichssatz" bezeichnet zwar die Bedeutung, sagt aber nichts über die syntaktische Funktion aus; dasselbe gilt für die formale Bezeichnung „uneingeleiteter Nebensatz" bei *(9)* und *(10)*.

Was hier kritisiert wird, sind nicht die einzelnen Termini; die meisten sind für sich genommen nicht falsch, und inhaltliche Benennung ist u. a. bei satzförmigen Angaben unentbehrlich. Unpraktisch, weil verwirrend, ist die unsystematische Verwendung.

Im Rahmen der Valenzgrammatik ist es sinnvoll, Nebensätze zunächst nach demselben Kriterium zu klassifizieren, das auf nicht satzförmige Segmente angewendet wird. Auf diese Weise wird die syntaktische Äquivalenz von Wörtern und Wortgruppen einerseits und Nebensätzen andererseits verdeutlicht. Das kann Lernern beim Verstehen von Sätzen und Texten helfen; es werden aber auch viele Möglichkeiten für strukturelle Übungen eröffnet oder mindestens erleichtert, die erfahrungsgemäß die produktive Kompetenz fördern. Das Kriterium – syntaktische Funktion der Segmente – führt zur Klassifizierung in ERGÄNZUNGS-, ANGABE-...[1] und ATTRIBUTSÄTZE.

5.1 Ergänzungssätze

In der Position einer ERGÄNZUNG, also eines verbspezifischen Satzgliedes, können auch Nebensätze stehen; grundsätzlich gilt das für alle neun Ergänzungsklassen, aber relevant für die Produktion sind im Wesentlichen Nominativ-, Akkusativ- und Präpositional-Ergänzungssätze. Im Folgenden werden je einige Beispiele vorgestellt und diskutiert.

5.1.1 Nominativ-Ergänzungssätze (= Subjektsätze)

(1) *Dass Alkohol das Nervensystem schädigt, ist bekannt, es ist aber umstritten, ob die Schäden prinzipiell irreversibel sind.*

Die Einleitungswörter *dass* und *ob* sind SUBJUNKTIONEN (auch: **Nebensatz-**Konjunktionen). Subjunktionen haben weder im Ober- noch im Unter-Satz[2] eine Satzgliedfunktion.

Die Frage nach dem Subjekt – „*WER / WAS ist umstritten?*" – ist mit dem Nebensatz zu beantworten, nicht mit *es*! Das Pronomen *es* erfüllt hier nur eine Platzhalterfunktion und verschwindet bei Umstellung der Satzglieder. Dieses „Erststellen-*es*" ist ein KORRELAT[3]; die Bezeichnung „grammatisches Subjekt" ist nicht sinnvoll: „grammatisch" ist überflüssig, denn SUBJEKT ist ja eine grammatische Kategorie, und „Subjekt" ist unzutreffend, denn *es* antwortet hier gar nicht auf die Frage nach dem Subjekt.

(2) *Wo der Ölteppich angetrieben wird, bleibt abzuwarten; es empfiehlt sich, die Küstenwacht in Alarmbereitschaft zu versetzen.*

Der erste Subjektsatz beginnt mit *wo*; das Wort ist als Fragepronomen bekannt, dementsprechend kann man solche Nebensätze, ebenso wie mit der Subjunktion *ob* eingeleitete, als indirekte Fragesätze näher bestimmen; praktischer sind die neutralen Benennungen *w*-Pronomen und *w*-Satz, denn in vielen Fällen spielt der Fragecharakter keine Rolle. Wichtig

---

1 Entsprechend der unpraktischen Bezeichnung „adverbiale Bestimmungen" wird in der traditionellen Grammatik ein Teil der Angabesätze unter dem Begriff „Adverbialsätze" zusammengefasst.

2 Nebensätze können ihrerseits von Nebensätzen abhängen, sodass der definierte Terminus HAUPTSATZ nicht in allen Fällen geeignet ist; daher die neutralen Bezeichnungen Ober- bzw. Unter-Satz.

3 s. 7

ist die Unterscheidung von Pronomen und Subjunktion als Einleitungswort: Das Pronomen hat eine Satzglied-Funktion (s. 7).

Der zweite Subjektsatz in (2) ist eine so genannte Infinitivkonstruktion (Ik). Es ist eine Besonderheit bei Sätzen dieser Art, dass sie selbst kein Subjekt haben. Ik sind nur möglich, wenn das Subjekt (oder, bei manchen Verben, eine andere Ergänzung) im Hauptsatz als ungenannter Täter in der Ik fungiert (s. 5.1.2) oder wenn, wie in (2), auch im Hauptsatz kein Täter vorkommt.

(3) *Es stimmt nicht, wenn behauptet wird, die Zukunft werde durch das Futur bezeichnet.*

Da *es* in (3) als Subjekt nicht in Betracht kommt, muss man akzeptieren, dass ein *wenn*-Satz nicht immer Angabe-, sondern manchmal auch Ergänzungssatz ist![1] Das wirft ein interessantes Licht auf umgangssprachliche, von der Sprachkritik heftig, aber weitgehend erfolglos bekämpfte Äußerungen des Typs

(4) *?Alliteration ist, wenn alle betonten Wörter mit demselben Laut beginnen.*

Die Korrektur ***Es** ist Alliteration, wenn* ... macht den Satz jedenfalls nicht „richtiger".

Ergänzungssätze ohne Einleitungswort kommen nur als Ergänzungen bei Verben mit dem Bedeutungsmerkmal <Sagen / Meinen> vor: – im Aktiv also als Akkusativ-Ergänzungen („Inhaltssätze"); als Subjektsätze können sie dementsprechend nur von Passivprädikaten abhängen:

(5) *Von Maultieren wird behauptet, sie seien unfruchtbar.*

Zusammenfassung: Als satzförmige Nominativ-Ergänzung (= Subjektsatz) kommen Nebensätze mit *dass* und *ob* vor, bei bestimmten Verben im Passiv auch uneingeleitete Nebensätze mit Aussagesatzstellung des Prädikats, außerdem Sätze mit *w*-Pronomen und Ik mit *zu*.

5.1.2 Akkusativ-Ergänzungssätze

(1) *Man weiß seit langem, dass Asbest Krebs verursachen kann.*
(2) *Könnten Sie mir sagen, ob hier eine Frau Mustermann wohnt?*
(3) *Rechnet bitte aus, wie groß der Rauminhalt des Zimmers ist!*

---

1 Steht ein solcher *wenn*-Satz vor dem Obersatz, muss durch ein anaphorisches Prowort darauf verwiesen werden: ... ***so / dann** stimmt **das / es nicht.***

(4) *Wir haben uns vorgenommen, dem Jubilar zu gratulieren.*
(5) *Man hoffte, von der Sache zu profitieren, und dass sie nicht herauskommt.*
(6) *Der Unfallfahrer gab vor, das Stoppschild nicht gesehen zu haben.*
(7) *Sie glaubt, er lügt.*
(8) *Ich kann nur schwer akzeptieren, wenn du sagst, du hättest keine Zeit gehabt.*

Als Akkusativ-Ergänzungen kommen dieselben Satzkonstruktionen vor wie bei den Subjektsätzen. Dass in Akkusativ-Ergänzungen der Kasus AKKUSATIV oft gar nicht auftritt – nämlich dann, wenn der Nebensatz kein nominales Satzglied im Akkusativ hat, wie in (2) – (5) und in (7), sollte ggf. thematisiert werden, um Verständnisprobleme zu verhindern. Für den *wenn*-Satz in (8) gilt das in 5.1.1 Gesagte entsprechend.

Zu (4): Was haben *wir* uns vorgenommen? – (***Wir*** gratulieren ihm). – Das Subjekt des Hauptsatzes ist der ungenannte TÄTER im Infinitivsatz. Die Bezeichnung „logisches Subjekt" ist irreführend: SUBJEKT ist eine formale Kategorie, während es sich hier um eine Bedeutungskategorie handelt.

In (5) ist nach *und* keine Infinitivkonstruktion möglich; die Akkusativ-Ergänzung muss ein dass-Satz sein, weil es ein Subjekt (*sie* = die Sache) gibt. Das Verb *vorgeben* in (6) kann, wie einige andere, kein Nomen als Akkusativ-Ergänzung haben; das gilt eingeschränkt auch für *wissen*, wo nur Abstrakta als semantische Satzäquivalente zugelassen sind:

(9) *Weißt du, wie er heißt? = Weißt du seinen Namen?*

5.1.3 Dativ-Ergänzungssätze

Sie sind extrem selten. Wenn man das Thema überhaupt behandelt, sollten nur *wem*-Sätze vorgestellt werden, und da das Pronomen ein Satzglied des Nebensatzes ist, muss auch dieser einen Dativ als Satzglied enthalten, was die Möglichkeiten stark reduziert:

(1) *Wir helfen, wem wir (helfen) können.*

Ein Satz wie

(2) *Sie drohen, wem ihre Meinung nicht gefällt.*

ist von zweifelhafter Konstitution und wohl nur eingeschränkt akzeptabel. Problemlos sind dagegen äquivalente Relativsätze, die aber keine Ergänzungen sind, sondern Attribute:

(3) *Sie drohen denjenigen, denen ihre Meinung nicht gefällt.*

Die Entscheidung, ob es sich um einen Ergänzungs- oder einen Attributsatz handelt, ist jedoch auch nicht immer einfach, da mit Auslassungen zu rechnen ist:

(4) *Alle Parteien stimmten zu, den Regierungssitz nach Berlin zu verlegen.*

Es liegt nahe, hier Auslassung von *dem Antrag* anzunehmen; daraus ergibt sich die grundsätzliche Frage, ob es in diesem Grammatikmodell Attribute zu nicht realisierten Bezugswörtern geben soll oder nicht. Für den Unterricht ist die Frage nicht relevant; sollte sie dennoch in irgendeiner Variante auftauchen, ist es am sinnvollsten, gemäß dem tatsächlich Vorhandenen zu entscheiden und z. B. (4) als Ergänzungssatz zu bezeichnen.

5.1.4 Genitiv-Ergänzungssätze

Da es nur wenige Verben und Adjektive mit Genitiv-Ergänzung gibt, kommen diese Ergänzungssätze, in der Form von Ik oder *dass- / ob*-Satz kaum vor:

(1) *Ich bin (mir) nicht sicher, ob ich das Licht ausgeschaltet hatte.*
(2) *Man bezichtigte Sokrates, die Jugend zu verderben.*

Beispiel (2) zeigt, dass nicht nur das Subjekt des Hauptsatzes für die Funktion des ungenannten Täters im Infinitivsatz (s. 5.1.1) infrage kommt; hier ist es die Akkusativ-Ergänzung, *Sokrates.*

5.1.5 Präpositional-Ergänzungsssätze

Wegen der großen Zahl von Verben mit Präpositional-Ergänzungen sind solche Sätze häufig.

(1) *Kümmere dich bitte darum, dass das Dach repariert wird!*
(2) *Ich möchte mich (darüber) informieren, ob es billige Flüge nach Sydney gibt.*
(3) *Die Polizei fragt alle Verdächtigen (danach), wo sie zur Tatzeit waren.*
(4) *Nur wenige Leute sind (dazu) bereit, auf das Auto zu verzichten.*
(5) *Ein Kunde kann darauf bestehen, dass fehlerhafte Ware zurückgenommen wird.*
(6) *Ich muss mich damit begnügen, das Prinzip an ein paar Beispielen zu demonstrieren.*

Die Präpositionen, die dieser Klasse von Ergänzungen den Namen geben, kommen in den Nebensätzen gar nicht vor; in manchen Fällen erscheinen sie im Hauptsatz als Teil eines KORRELATS (s. 7).

Die Korrelate sind zum Teil obligatorisch. Eine generelle Regel ist nicht bekannt, es ist lediglich sicher, dass bei gleich lautenden Verben, die Ergänzungen mit verschiedenen Präpositionen haben, die Korrelate fast immer obligatorisch sind: *bestehen auf / aus; sich freuen auf / über; verstehen von / unter; ...* In den Beispielsätzen sind obligatorische Korrelate unterstrichen. Lernern ist zu empfehlen, vor Präpositional-Ergänzungssätzen **immer** das entsprechende Korrelat in den Hauptsatz einzufügen.

5.1.6 Direktiv- und Situativ-Ergänzungssätze

Beide Ergänzungen sind selten in Satzform belegt; sie kommen wohl nur mit *w*-PRONOMEN vor; Korrelate sind üblich.

(1) *Wir wohnen (dort), wo die Straße eine Biegung nach links macht.*
(2) *Er wird dich führen, wohin du nicht (gehen) willst.*

In (2) wäre aber das Korrelat *dahin* stilistisch unschön, was den Übersetzern dieses Zitats aus dem Neuen Testament auch klar war.
Nebensätze mit *wo* kommen häufig als satzförmige Angaben oder Attribute vor! (s. 10)

5.1.7 Expansiv-Ergänzungssätze

Solche Sätze sind kaum belegt. Der Nebensatz gibt die Erstreckung an:

(1) *Die Skisaison dauert (solange), bis im April der letzte Schnee schmilzt.*

5.1.8 Nominal-Ergänzungssätze

(1) *Was Sie sind, bin ich schon lange!*
(2) *Warum will sie nicht wieder (so) heißen, wie sie vor ihrer Ehe hieß?*
(3) *Die Unfallstelle sah (so) aus, als hätte eine Bombe eingeschlagen.*

Die Beispiele zeigen, dass sowohl der *es-* als auch der *so*-Typ* der Nominal-Ergänzung als Nebensätze vorkommen (* s. 3.1.9).

5.2 Angabesätze

Wie schon oben ausgeführt, ist eine vollständige Auflistung aller denkbaren Angabeklassen nicht möglich. Die meisten Angaben können in Satzform erscheinen, einige kommen sogar fast ausschließlich als Nebensätze vor.

	wenn		(temporal)
	sooft		(temporal)
	sobald		(temporal)
	solange		(temporal)
	bevor		(temporal)
	seitdem		(temporal)
	bis		(temporal)
Hasso bellte,	***weil***	*wir ihm Futter gaben.*	(kausal)
	da		(kausal)
	zumal		(kausal)
	damit		(final)
	sodass		(konsekutiv)
	ohne dass		(negativ komitativ)
	obwohl		(konzessiv)

Die aufgeführten Nebensätze unterscheiden sich nur durch ihre Subjunktionen (= Nebensatz-Konjunktionen); sie bestimmen die Bedeutung. Die ersten sieben Subjunktionen haben das Merkmal < Temporal >, sie bestimmen die zeitliche Beziehung zum Hauptsatz. Die drei folgenden – *weil, da* und *zumal* – haben „kausale“ Bedeutung, also das Merkmal < Grund / Ursache >, *damit* ist „final“, d. h., es bezeichnet Absicht oder Zweck, *sodass* ist „konsekutiv“, es bezeichnet die Folge der im Hauptsatz dargestellten Vorgänge; *ohne dass* verweist auf einen fehlenden Umstand, die Bedeutung ist „negativ komitativ“ (s. Mittelstufengrammatik), und *obwohl* (*obgleich, obschon, obzwar*) ist „konzessiv“, zu deutsch „einschränkend“, und das soll heißen, dass in einem angenommenen Kausalzusammenhang entweder der Grund oder die Folge fehlt. Anders ausgedrückt: Entweder tritt etwas nicht Erwartetes ein, oder das Erwartete tritt nicht ein.

Schon dieses rudimentäre Beispiel zeigt, vor welchen Problemen Lerner stehen. Nicht nur die genaue Bedeutung ist zu erfassen – sie zu erklären ist auch für den Lehrer bisweilen eine schwierige Aufgabe –, es sind z. B. auch Stellungsregeln zu beachten. So kann der Konsekutivsatz nicht, wie alle übrigen in unserer Auswahl, vor dem Hauptsatz stehen; uns mag das „logisch“ erscheinen, aber viele Lerner müssen es eben erst lernen.

Die Proportional-Angabe[1] lässt sich nur mit einem Nebensatz eindeutig ausdrücken:

(1) *Je höher die Temperatur ist, umso / desto schneller laufen die meisten chemischen Reaktionen ab.*

Dasselbe gilt für die Adversativ-Angabe:

(2) *Während die Wirtschaft boomt, stagnieren die Arbeitslosenzahlen.*

Zwar kann man (2) in einen präpositionalen Ausdruck umformen, – ... *bei boomender Wirtschaft* ... –, doch fehlt dann die temporale Komponente des Adversativsatzes, und man könnte, wenn der Kontext keine Klarheit schafft, das Segment als Konditional-Angabe missverstehen; *zurzeit* o. Ä. müsste noch eingefügt werden.

Nominale Konsekutiv-Angaben sind auf Ausdrücke von Gemütsbewegungen beschränkt:

(3) ***Zu unserem Schrecken*** *begann der Wagen die Straße hinabzurollen.*

In anderen Zusammenhängen kommen Konsekutiv-Angaben nur als Nebensätze vor:

(4) *Der Mai war trocken, sodass die Weinernte mäßig ausfiel.*

Die Abhängigkeit vom Hauptsatz bzw. von dessen Prädikat *trocken sein* leuchtet intuitiv ein; *sodass* ist Subjunktion für den Konsekutivsatz. Man kann aber Zweifel haben, ob das Merkmal < Folge > erhalten bleibt, wenn sich *so* und *dass* auf Haupt- und Nebensatz als Korrelat und Subjunktion verteilen:

(5) *Der Mai war so trocken, dass die Weinernte mäßig ausfiel.*

Zu dem formalen Problem s. 8.3.

Einige Angabetypen können als Infinitivsätze realisiert werden; die Bedingungen sind die gleichen wie bei den Ergänzungen: Es gibt kein Subjekt, eine Ergänzung des Hauptsatzes fungiert ggf. als ungenannter Täter. Die Einleitungswörter, hier: Infinitiv-subjunktionen, sind *um zu, ohne zu, anstatt zu.*

(6) *Um Messfehler zu minimieren, misst man mehrmals und mittelt die Ergebnisse.* (final)

---

1 Die Bezeichnung „Proportional-Angaben" wird von Naturwissenschaftlern und Mathematikern oft kritisiert, weil in der Mathematik unter „proportional" lediglich lineare Beziehungen verstanden werden. In der deutschen Linguistik ist der Begriff aber in der hier gemeinten Bedeutung eingebürgert.

(7) *Ida war noch zu schwach, um ihren Koffer selbst zu tragen.* (negativ konsekutiv)
(8) *Man kann jahrelang Tuberkulose haben, ohne es zu wissen.* (negativ komitativ)
(9) *Viele Patienten müssten sich einfach mehr bewegen, anstatt dauernd Medikamente zu nehmen* (negativ adversativ).

Angaben können auch die Form von PARTIZIPIALSÄTZEN haben:

(10) ***Die gefärbten Schnitte von Hirngewebe unter dem Mikroskop betrachtend,*** *kam* RAMON Y CAJAL *plötzlich die Idee, die Nervenzellen seien vielleicht gar nicht,* ***wie bisher angenommen,*** *miteinander verwachsen.*

Solche Sätze werden im Kapitel 6.4, PARTIZIPIEN behandelt. Ein grammatisches „Schattendasein" führen Angabesätze mit *w*-PRONOMEN; ihr Beitrag zur Satzbedeutung ist oft schwer zu rubrizieren, es handelt sich um sehr verschiedene Begleitumstände bzw. -handlungen zu den im Hauptsatz genannten Vorgängen. Der übliche Terminus ist WEITERFÜHRENDE NEBENSÄTZE.

(11) *Man bestimmt die Masse eines bekannten Gasvolumens, wobei Temperatur und Luftdruck zunächst gemessen und dann auf Normalwerte umgerechnet werden müssen.*
(12) *Das Fahrverbot wurde aufgehoben, was besonders den Pendlern zugute kam.*
(13) *Hundertprozentige Sicherheit gibt es nicht, weswegen viele die Stilllegung aller nukleartechnischen Anlagen fordern.*

Der Angabestatus solcher Sätze ist eindeutig: Sie hängen vom Obersatz ab, ohne verbspezifisch zu sein. Die Beziehung zum Obersatz ist wenig fest, sodass sich dieselbe Information in einem selbständigen Satz, inhaltlich angeknüpft durch ein PRONOMINALADVERB (= PRÄPOSITIONAL-PRONOMEN, s. 15. 3. 1), oft klarer formulieren lässt: ... *dabei werden Temperatur und Druck gemessen ... ; deswegen fordern viele ...*

Grundsätzlich können die als „kausal", „temporal" etc. klassifizierten Beziehungen zweier Sachverhalte immer auf verschiedene Weise sprachlich dargestellt werden; dass dabei der Nebensatz ausführlicher, also potentiell präziser ist als ein präpositionaler Ausdruck, hängt unmittelbar mit indo-europäischen Sprachstrukturen zusammen und gilt in anderen Sprachfamilien u. U. nicht. Wenn auf die Frage *„Warum ist Otto gekommen?"* die Antwort *„Weil er sich Geld leihen will"* angemessen wäre, ist *„Wegen Geld(es)"* denkbar ungenau, *„Wegen eines Kredits"* das falsche Register;

grammatisch völlig inakzeptabel ist # „*Wegen uns-anpumpen-Wollens*". Mit so gearteten, im wahrsten Sinne fremdartigen Ausdrucksexperimenten muss aber bei einem Teil unserer Lerner gerechnet werden, ebenso mit Angabesätzen ohne Einleitungswort, besonders mündlich:

(14) # *Er ist gekommen, er Geld braucht.*

Solche auf Interferenz mit muttersprachlichen Strukturen beruhenden Irregularitäten sind nur durch Einsicht in die Sprachstruktur des Deutschen und häufiges Üben zu eliminieren. Selbst manchen in Deutschland ansässigen ausländischen Akademikern entsprechender Herkunft unterlaufen Fehler dieses Typs gelegentlich noch nach 20 Jahren.

Es ist zu empfehlen, auch im Fachunterricht Umformungen vornehmen zu lassen, besonders in Lesetexten, z. B.:

(15) *Aufgrund der bei Erreichen einer Schwellenspannung sich plötzlich verändernden Durchlässigkeit von Ionenkanälen in der Axonmembran kommt es zu charakteristischen, als „Spikes" bezeichneten Potentialänderungen.*

⇒ *Weil die Durchlässigkeit von Ionenkanälen in der Axonmembran sich plötzlich verändert, wenn eine Schwellenspannung erreicht ist, …*

Haben Lehrerinnen und Lehrer erst eine gewisse Routine darin, solche sprachlichen Aufgaben zu stellen, bemerken sie bald, dass man damit gleichzeitig ein Instrument zur Überprüfung des inhaltlich-fachlichen Verständnisses besitzt.

Der hier beschriebene Umformungsvorgang wird meistens als VERBALISIERUNG bezeichnet. Die Umkehrung – NOMINALISIERUNG – sollte man als Lehrer nur fordern, wenn man sie selbst vorher am jeweiligen Beispiel ausprobiert hat, denn es gibt Restriktionen; z. B. genügt schon ein Modalverb:

(16) … *weil so die Siedetemperatur sehr genau eingehalten werden kann.*

⇒ … # *wegen des so sehr genauen Eingehaltenwerdenkönnens der Siedetemperatur.*[1]

Eine Gegenüberstellung der wichtigsten Subjunktionen und Präpositionen für derartige Transformationen s. MITTELSTUFENGRAMMATIK. (Dort gibt es

1 Die akzeptable Paraphrase „… *wegen der auf diese Weise sehr genau möglichen Einhaltung der Siedetemperatur*" ist von den meisten Lernern nicht zu erwarten; sie setzt den souveränen Umgang mit Ausdrucksvarianten voraus!

auch viele Übungsbeispiele, allerdings kaum aus dem naturwissenschaftlichen Bereich.)

5.3 Attributsätze

Attribute sind Satzgliedteile, die von einem einzelnen Bezugswort abhängen. Das gilt auch für satzförmige Attribute. ATTRIBUTSÄTZE sind Rechtsattribute[1]; sie stehen hinter ihrem Bezugswort, ggf. aber erst nach nominalen Rechtsattributen:

(1) *Es war der Direktor einer namhaften Firma in Jena, dem der Wagen gehörte.*

Es folgt eine Übersicht der verschiedenen Attributsätze, deren Form zum Teil durch das Bezugswort bestimmt wird.

Das Bezugswort des Attributsatzes ist ein Nomen.

5.3.1 Relativsätze

Man sollte aus Gründen der begrifflichen Klarheit als RELATIVSÄTZE nur Attributsätze mit RELATIVPRONOMEN bezeichnen; leider entsteht durch undefinierte Verwendung des Wortes viel Verwirrung – nicht nur bei Lernern.

Relativpronomen

	SINGULAR		
	m	**n**	**f**
N	der	das	die
A	den	das	die
D	dem	dem	der
G	dessen	dessen	deren
		PLURAL	
N		die	
A		die	
D		denen	
G		deren	

(Die unterstrichenen Formen unterscheiden sich vom bestimmten Artikel.)

Das Relativpronomen *welch-* hat keine aktuell gebräuchlichen Genitivformen; es wird hauptsächlich dann benutzt, wenn die Häufung gleich

1 So genannte „verkürzte Attributsätze" (= Erweiterte Partizipial-Attribute; s. 6.2) sind aber Linksattribute!

lautender Wörter vermieden werden soll:

(2) *Leicht entstehen Ressentiments gegen die, (~~die~~) / welche die größeren Autos fahren.*

Lerner haben Schwierigkeiten mit der Deklinationsform der Relativpronomen, weil sie von zwei Seiten her beeinflusst wird; **Numerus und Genus** richten sich nach dem Bezugswort im Obersatz, der **Kasus** wird aber durch die Satzteilfunktion des Relativpronomens im Attributsatz bestimmt:

(3) *Wo ist **ein Politiker, dem** man Vertrauen schenken kann?*

(Bezugswort im Obersatz: **Singular maskulin;** Satzteil im Relativsatz: **Dativ**-Ergänzung)

Das Relativpronomen im Genitiv als Ergänzung im Relativsatz ist sehr selten, denn Verben und Adjektive mit Genitiv-Ergänzungen sind generell selten:

(4) *Ein Betrüger aus Frankfurt, dessen man lange nicht habhaft werden konnte, ist in Florida gefasst worden.*

Hier ist das Relativpronomen Genitiv-Ergänzung zum Adjektiv-Prädikat *habhaft werden.*

Sehr viel häufiger kommen dagegen Relativsätze vor, die eine ganz andere Struktur haben und insofern eine Ausnahme unter den Relativsätzen darstellen:[1]

(5) *Eine Jugendstil-Teekanne, **deren** originaler Deckel fehlte, sollte zwei Euro kosten.*

In (5) steht das Relativpronomen an Stelle des Artikels zu einem Nomen und bezeichnet das possessive Verhältnis des Bezugsworts zu diesem Nomen. Man kann den Beispielsatz zur Verdeutlichung der Beziehungen so umschreiben:

(6) *Eine Teekanne sollte zwei Euro kosten; <u>der originale Deckel der Kanne</u> (= ihr originaler Deckel) fehlte.*

Da das Relativpronomen in solchen Fällen keine Satzteilfunktion im Relativsatz hat, ist der Kasus unveränderlich Genitiv; nur auf Genus und Numerus des Bezugswortes ist beim Relativpronomen zu achten:

(7) *Otto ist der Mann, mit dessen älterer Schwester Günter verheiratet war.*

---

1 Diese Ausnahme in struktureller Hinsicht ist aber die statistisch häufigere Variante!

Bei Transformations-Übungen zu diesem Thema ist zu beachten, dass bei der Ersetzung des Artikels durch das Relativpronomen sich ggf. die Endung des Adjektivs ändert![1]

Weil die Artikelfunktion dieses Relativpronomens im Genitiv den Lernern oft nicht klar wird, kommt es zu folgendem Fehlertypus:

(8) # *Er war ein Mann, dessen der Einfluss auf seinem untadeligen Charakter beruhte.*

5.3.2 Attributsätze mit *w*-Pronomen als Einleitungswort

Nicht jedes Bezugswort kann durch einen Relativsatz attribuiert werden. Attributsätze mit *w*-Pronomen stehen u. a. bei Wörtern folgender Art:

- **Bei nominalisierten neutralen Superlativen und ähnlichen Hervorhebungen**

(1) ***Das Beste,*** *was man sich wünschen kann, sind Gesundheit und Frieden.*
(2) *Mein Kamm ist* ***das Einzige,*** *was ich im Hotel liegen gelassen habe.*

- **Bei neutralen Pronomen, die eine unbestimmte Menge bezeichnen**

(1) *In deinem Brief steht* ***vieles,*** *worüber wir ausführlich sprechen müssten.*
(2) *Ist dir* ***nichts*** *eingefallen, womit man Gabriele eine Freude machen könnte?*
(3) *Aus Ärger über* ***das,*** *was ihm die Behörde mitgeteilt hatte, betrank er sich.*

- **Bei Bezeichnungen für Lokalitäten, insbesondere bei Länder- und Städtenamen**

(1) ***Das Gelände,*** *wo früher der Exerzierplatz war, ist jetzt völlig zugebaut.*
(2) *Er erzählt viel von* ***Dresden,*** *wohin er vor drei Jahren gezogen ist.*

- **Bei abstrakten Nomen des Bedeutungsbereichs < Denken / Sagen / Fragen >**

(1) ***Die Frage,*** *wie viele Menschen auf der Erde leben können, wird noch in diesem Jahrhundert eine Antwort finden.*
(2) *Konkrete* ***Pläne,*** *wo Atommüll endgelagert werden soll, gibt es nicht.*

1 Da das Relativpronomen nicht die Endung des bestimmten Artikels hat, bekommt das Adjektiv diese Endung (s. Grundstufengrammatik).

Nomen dieser Kategorie können aber auch Relativsätze, *dass*- und *ob*-Sätze als Attribute haben.

5.3.3 Attributsätze mit den Subjunktionen *dass* und *ob*

Als Bezugswörter kommen ebenfalls abstrakte Nomen infrage. Viele dieser Nomen sind von Verben abgeleitet, die Präpositional-Ergänzungen haben. Die betreffenden Präpositionen können in Nebensatzkorrelaten erscheinen, die aber nicht obligatorisch sind. Auch hier gilt wie im Kapitel ERGÄNZUNGEN die methodische Empfehlung, die Lerner zum Gebrauch des Korrelats anzuhalten.

(1) *Die Entscheidung (darüber), ob Sie das Examen bestanden haben, trifft die Prüfungskommission.*
(2) *Man hatte bis 1980 keine Ahnung (davon), dass FCKW (= Fluor-Chlor-Kohlenwasserstoffe) die Ozonschicht in der oberen Atmosphäre zerstören.*

5.3 4 Infinitivsätze als Attribute

Infinitivkonstruktionen mit *zu* können anstelle von *dass*-Sätzen Attribute zu abstrakten Nomen sein. Die Bedingungen sind bei allen IK gleich: Der Infinitivsatz hat kein Subjekt, eine Ergänzung des Obersatzes fungiert ggf. als ungenannter Täter.

(1) *Ich habe den Entschluss gefasst, mit dem Rauchen aufzuhören.*
(2) *Ein Zollbeamter steht unter dem Verdacht, Bestechungsgelder angenommen zu haben.*
(3) *Aus Angst, bestraft zu werden, versteckte sich das Kind im Keller.*
(4) *Ich konnte ihr die Befürchtung ausreden, von dir missverstanden worden zu sein.*
(5) *Das Gefühl, benachteiligt zu sein, veranlasste ihn zu ungesetzlichen Handlungen.*

Beide Infinitive eines Verbs – bei passivbildenden Verben alle vier bzw. sechs Infinitive – sind als Prädikat möglich:

INFINITIV I AKTIV:	*enttäuschen*	(für Gegenwart und Zukunft)
INFINITIV II AKTIV:	*enttäuscht haben*	(für die Vergangenheit)
INFINITIV I *werden*-PASSIV:	*enttäuscht werden*	(für Gegenwart und Zukunft)
INFINITIV II *werden*-PASSIV:	*enttäuscht worden sein*	(für die Vergangenheit)
INFINITIV I sein-PASSIV:	*enttäuscht sein*	(für Gegenwart und Zukunft)
INFINITIV II sein-PASSIV:	*enttäuscht gewesen sein*	(für die Vergangenheit)

- **Das Bezugswort des Attributsatzes ist kein Nomen**

Die sibyllinische Überschrift wurde gewählt, weil es im Bereich der Wortarten Adjektiv, Adverb, Partizip, Pronomen, Partikel im Deutschen so viele Abgrenzungsschwierigkeiten und Lösungsvorschläge gibt, dass jede Antwort mindestens ein neues Problem aufzeigen würde. Eine differenzierende Benennung ist für die anstehende Beschreibung nicht erforderlich.

5.3.5 Vergleichssätze als Attribute

(1) *Bello ist klein; er ist so klein, dass Lisa ihn in der Schürzentasche herumtragen kann.*
(2) *Lisa ist so blond, wie man nur selten ein Kind sieht.*
(3) *Sie ist viel zierlicher, als ich sie in Erinnerung hatte.*
(4) *Die Kleinen hörten ihrer Lehrerin so aufmerksam zu, dass ihnen kein Wort entging.*
(5) *Auch Fritzchen war so hingerissen, dass er mit offenem Mund dasaß.*
(6) *Der Professor redete so ausdauernd, dass die meisten Studenten einschliefen.*

Die Nebensätze sind offenbar sämtlich Vergleichsattribute, abhängig von Bezugswörtern, deren Gemeinsamkeit darin besteht, komparierbar zu sein – trivialerweise können Vergleichsattribute nur solche Bezugswörter haben. Im Kapitel (8) werden Vergleichssätze unter inhaltlichen Gesichtspunkten betrachtet.

6 Partizipien (Pt)

In dieser Grammatikübersicht sind die verschiedenen Funktionen der Infinitive getrennt in den jeweiligen Kapiteln behandelt. Eine Zusammenfassung aller syntaktischen Funktionen von Infinitiven findet man in der Mittelstufengrammatik. Da es in der genannten Grammatik keine zusammenfassende Darstellung der Partizipien gibt, folgt hier ein entsprechendes Kapitel.

Partizip I und II sind Verbformen, die dadurch, dass sie dekliniert werden können, an den Wortarten Nomen und Adjektiv „partizipieren“. Auch die deutsche Bezeichnung „Mittelwort“ referiert auf die möglichen Funktionen als Verbform oder Adjektiv.

6.1 Partizipien als Prädikatsteile

Die Pt II sind an der Bildung der Tempora Perfekt, Plusquamperfekt und Futur II beteiligt, außerdem an der Bildung des Passivs (s. 3.3.4). Da die Partizipien selbst keine Tempusmarkierung haben, sollte man die Bezeichnungen „Partizip Präsens / Perfekt[1]“ wegen möglicher Missverständnisse bei Lernern vermeiden.

Pt I oder Pt II mancher Verben können als prädikative Adjektive fungieren und werden als solche nicht dekliniert:

(1) *Kleine Katzen sind entzückend.*
(2) *Ottos Kopfsprung war gekonnt.*

Hier liegen Quellen häufiger Fehler. Vor allem Lerner mit romanischen Ausgangssprachen deklinieren diese Partizipien gern: # ... *sind entzückende.* Sodann können Pt I nicht generell als prädikative Adjektive verwendet werden; es entstehen Fehler der Art

(3) # Sie ist gerade schlafend.[2]

Einige Wortformen gleichen Partizipien, sind aber keine aktuellen Verbformen, sondern „reine“ Adjektive: *beleibt; beliebt; bewusst; vertrackt;* ... *freudestrahlend; wohlhabend;* ... Solche Adjektive provozieren Fehler, weil sie für Partizipien gehalten werden können:

(4) # *Er war von dem Sturz benommen worden.*

1 Die Benennung soll besagen, dass die Partizipien vom Präsens- bzw. Perfekt-Stamm des Verbs abgeleitet werden können.

2 s. 14.3

6.2 (Erweiterte) Partizipialattribute

Als Linksattribute sind Partizipien „erweiterungsfähig“, d. h., sie haben einerseits Stellung und Funktion attributiver Adjektive: ... *blühende Rosen;* ... *ein entflogener Papagei;* ... *mit dem gestohlenen Auto* ... Andererseits können sie, wie Prädikatsverben, „Begleiter“ haben:

(1) ***In allen Gärten üppig blühende Rosen*** *verbreiteten angenehme Düfte.*
(2) *Ein* ***aus dem Zoo entflogener*** *Papagei beschimpft Passanten.*
(3) *Mit dem* ***auf der Hannovermesse gestohlenen*** *Wagen fuhren die Täter nach Gotha.*

Diese so genannten **Erweiterungen** attributiver Partizipien unterliegen den gleichen Regularitäten wie Ergänzungen und Angaben in Sätzen, was sich durch Transformation in Relativsätze aufzeigen lässt:

(4) *Rosen, die in allen Gärten üppig blühten,* ...
(5) *Ein Papagei, der aus dem Zoo entflogen ist,* ...
(6) *Mit dem Wagen, der auf der Hannovermesse gestohlen (worden) war,* ...

Der Lerner sieht sich hier einem Labyrinth von Regeln gegenüber! Die wichtigsten:

Pt I haben Aktiventsprechung[1]. (Probe: Relativsatztransformation!)

Pt II von Verben mit *sein*-PERFEKT haben Aktiventsprechung.

Viele dieser Pt II können, wenn sie **keine** Vorsilbe haben, nur mit Erweiterung als Attribut gebraucht werden: # ... *das gelaufene Kind;* – aber: ... *das auf die Straße gelaufene Kind* / ... *das (von zu Hause) fortgelaufene Kind.* Diese Regularität beruht offensichtlich auf der beim Partizip wirksamen Verbvalenz – obligatorische Ergänzungen dürfen auch in dieser Verwendung meistens nicht fehlen.

Pt II von Verben mit *haben*-PERFEKT + AKK.-ERG. haben Passiventsprechung[1].
Pt II von Verben mit *haben*-PERFEKT, aber ohne AKK.-ERG., können nicht als Linksattribute fungieren: # ... *der (im Garten) geblühte Baum.*[2]

---

1 Aktiv- bzw. Passiventsprechung benennt m. E. den gemeinten Sachverhalt zutreffender als **-bedeutung;** es ist kaum möglich, die Bedeutung von Aktiv und Passiv anzugeben.

2 Hier bahnt sich ein Sprachwandel an: ... *stattgefundene Sitzung,* ... *zugenommene Belastung, angefangene Stunde* wird von vielen offenbar nicht mehr als falsch empfunden!

Pt II von Modal- und Reflexivverben können **nicht** als Linksattribute fungieren:
… *nicht einreisen gedurfte Ausländer*
… *der sich über den Lärm beklagte Gast*

Erweiterte Partizipien findet man in wissenschaftssprachlichen Texten oft in der Form äußerst umfangreicher Attribute:

(7) *Wegen einer nach ihrer Gallenblasenoperation unerwartet aufgetretenen inneren Blutung und sich dramatisch verschlechternder diastolischer Blutdruckwerte musste die eigentlich schon zur Entlassung in ambulante Behandlung anstehende Patientin auf die ohnehin stark überlastete Intensivstation zurückverlegt werden.*

Es ist sehr zu empfehlen, solche schwer überschaubaren Konstruktionen in Nebensätze umformen zu lassen. Da in den entstehenden Relativsätzen das Relativpronomen grundsätzlich im Nominativ stehen muss, entfällt eine der Schwierigkeiten des deutschen Relativsatzes von vornherein. Trotzdem bevorzugen manche Lerner, den muttersprachlichen Verhältnissen entsprechend, das komplizierte Linksattribut!

6.3 Modales Partizip (= Gerundivum)

Das Verb *sein* kann u. a. auch als MODALITÄTSVERB fungieren (s. 3.3.1):

(1) *Manche Mobiltelefone sind täglich zu laden; kaufen Sie so eins nicht!*
(2) *Dieses Problem ist nicht leicht zu verstehen; wir möchten es Ihnen erklären.*

Prädikate mit *sein* + IK lassen sich in Prädikate mit Modalverben umformen: … *müssen täglich geladen werden;* … *kann man nicht leicht verstehen.* Bei der Umformung in Linksattribute ergeben sich **modale Partizipialattribute:**

(3) *Ein täglich zu ladendes Handy ist unpraktisch!*
(4) *Dieses nicht leicht zu verstehende Problem möchten wir Ihnen erklären.*

Das modale Partizipialattribut wird nach seiner Entsprechung im Lateinischen auch als Gerundivum bezeichnet. Das Partizip ist immer Pt I; trotzdem ergeben sich bei der Umformung in Relativsätze mit Modalverben Passiv-Prädikate, die sich natürlich meistens problemlos ins Aktiv transformieren lassen: ... *das täglich zu laden ist* ⇒ ... *das täglich geladen werden muss* ⇒ ... *das man täglich laden muss.*

6.4 Partizipialsätze (Pk)

Partizipialsätze (oder Partizipialkonstruktionen, Pk) sind, ähnlich wie Infinitivkonstruktionen, subjektlose Nebensätze; das Prädikat ist ein unflektiertes Pt I oder Pt II:

(1) *Ich überlegte, am Bleistift kauend, was ich schreiben könnte.*
(2) *Zu Hause angekommen, schaltete Otto sofort den Fernseher ein.*
(3) *Synapsen sind, einfach ausgedrückt, Schalter im Nervensystem.*

Die syntaktische Beziehung der Pk zum Restsatz wird klar, wenn man sie in vollständige Nebensätze umformt:

(4) *Ich überlegte, was ich schreiben könnte, wobei ich am Bleistift kaute.*
(5) *Während ich am Bleistift kaute, überlegte ich ...*
(6) *Als Otto zu Hause angekommen war, ...*
(7) *Synapsen sind, (wenn es einfach ausgedrückt wird ⇒ wenn man es einfach ausdrückt), ...*

Pk mit Pt I ergeben bei der Transformation immer Aktivsätze; bei Pt II entstehen Aktivsätze mit dem Merkmal < Vorzeitigkeit > oder Passivsätze – sofern das Verb das Passiv bilden kann –, die in fast allen Fällen in Aktivsätze umgewandelt werden können. In unseren Beispielen entstehen durch Transformation verschiedenartige Angabesätze; die Art der Beziehung muss intuitiv erfasst werden, wobei im realen Sprachgebrauch der Kontext meistens für Eindeutigkeit sorgt.

Pk können aber auch Attribute sein, die bei der Transformation Relativsätze ergeben:

(8) *Galilei, von der Richtigkeit seiner Theorie überzeugt, widersprach der Kirche.*
(9) *Die Statue, ursprünglich wohl einen Dreizack in der rechten Hand haltend, wird heute meistens als Triton interpretiert.*

Die Merkmalsarmut solcher Sätze erlaubt oft mehrere Deutungen: *Galilei, der ... überzeugt war, ... / Weil Galilei ... überzeugt war, ...*

Die Verwendung von Partizipialsätzen wird wegen der mangelnden Eindeutigkeit oft kritisiert. Weil aber vergleichbare Konstruktionen in anderen Sprachen häufig vorkommen, nicht zuletzt im Englischen, und bisweilen von Lernern unkritisch, d. h. falsch übertragen werden, besteht Anlass, im DaF-Unterricht darauf einzugehen, zumal es im Deutschen eine Besonderheit gibt: Pt I von *haben* und *sein* fallen in Partizipialsätzen weg:

(10) *Lehmann, die Beförderung fest im Blick ~~habend~~, nahm die Akten mit nach Hause.*

(11) *Müde von einer langen Wanderung ~~seiend~~, krochen die Pfadfinder in ihre Schlafsäcke.*

6.5 Partizipien als Nomen

Der Vollständigkeit wegen sei an diese Verwendung von Pt I und Pt II erinnert: *die Anwesenden, der seit Tagen Vermisste, das Bleibende, die viel Bewunderte, …* Sehr viele Partizipien sind zu lexikalisierten Nomen geworden: *die Angestellten,* auch *die Beam(te)ten, der Reisende, Behinderte,* …

7 Prowörter

Unter der Bezeichnung Prowörter sind hier Wörter zusammengefasst, die auf Segmente verweisen, welche im Text vorausgehen oder folgen. Sie gehören zu verschiedenen, zum Teil unzureichend klassifizierten Wortarten.

Auf den ersten Blick scheinen alle „Pronomen" diese syntaktische Funktion zu haben. Der in der muttersprachlichen Elementar-Grammatik übliche Terminus „Fürwörter" suggeriert – genau wie das lateinische Original –, dass Pronomen für andere, meistens vorher erwähnte Segmente stehen bzw. sich auf solche beziehen:

(1) *Das ist Otto. Er hat sein*[1] *Buch vergessen = Otto hat Ottos Buch vergessen.*
(2) *Otto wäscht sich = Otto wäscht Otto.*

Aber

(3) *Otto beeilt sich ≠ # Otto beeilt Otto.*

In (3) beinhaltet das Pronomen *sich* keinen Hinweis auf ein anderes Segment, ist mithin kein Prowort. Bei solchen „echten" oder obligatorisch reflexiven Verben – denen aber das Bedeutungsmerkmal < Reflexiv > völlig fehlt! – wird *sich* am besten als Bestandteil des Verbs angesehen und mitgelernt, genau wie *es* bei *es gibt, es handelt sich um* etc.[2]. Auf diese Weise kann man hoffen, Fehler des Typs

(4) *# Prowörter handeln (es) sich um ...*

von vornherein zu reduzieren. Die häufigsten Prowörter sind „Pronominal-Adverbien" und Korrelate.

- Wörter der Form *d-* + Präposition, so genannte Pronominal-Adverbien (besser: Präpositional-Pronomen), können auf Segmente oder Sätze verweisen:

(5) *Müllers haben ihr Haus verkauft. 300.000 € haben sie dafür*[3] *bekommen.*
(6) *Der Angeklagte hat mehrere Einbruchsdiebstähle begangen. Dafür fordert der Staatsanwalt drei Jahre Gefängnis.*
(7) *Die Busfahrer streikten. Deswegen mussten wir ein Taxi nehmen.*

---

1 Dieses „Possessivpronomen" ist eigentlich ein Possessivartikel – das ändert jedoch nichts an seiner Prowort-Funktion.

2 Es spricht nichts dagegen, solche Verben als „unpersönlich" zu bezeichnen, obwohl nicht nur Personen als Subjekt ausgeschlossen sind.

3 Der Tendenz, *für es* anstatt *dafür* zu verwenden, sollte man entgegentreten, weil *es* im Akkusativ an betonter Stelle grundsätzlich gegen das Sprachgefühl verstößt.

Rückverweisende Prowörter wie in (5) bis (7) werden in der Linguistik auch als „anaphorisch“ bezeichnet, vorverweisende wie in (8) als „kataphorisch“.

- Kataphorisch gebrauchte Prowörter, die auf ein folgendes Segment verweisen, oft auf einen Nebensatz, heißen KORRELATE (s. 7):

  (8) *Wir möchten uns dafür entschuldigen, dass wir Sie mit unserer Musik gestört haben.*

Bei manchen Verben sind Korrelate obligatorisch:

(9) *Bitte achten Sie darauf, dass die Pipetten nach Gebrauch sofort durchgespült werden!*

Neben den Präpositional-Pronomen sind es vor allem das Pronomen *es* und das „Adverb“ *so*,[1] die als Korrelate auftreten. – In den meisten Fällen ist *es* fakultativ; im Akkusativ kann *es* nicht am Satzanfang stehen; meistens wird es weggelassen:

(10) *Er verstand (es) nicht, warum sie ihn verlassen wollte.*

Im Nominativ dagegen steht *es* meistens am Anfang

(11) *Es war mir peinlich, dass mir ihr Name nicht einfiel.*

Als quasi „Modalpronomen“ hat *so* sehr häufig anaphorische Bedeutung:

(12) *Sie trainiert nur zwei Stunden pro Woche; so gewinnt man keine Medaille!*

Als Korrelat steht *so* oft vor Prädikat II und Modalangaben:

(13) *Er wartete so lange, bis der letzte Besucher den Raum verlassen hatte.*
(14) *Der Amazonas ist im Unterlauf so breit, dass man das andere Ufer nicht sieht.*
(15) *Orpheus sang angeblich so schön, dass die wilden Tiere ihm zuhörten.*
(16) *Der Yeti sah genau so aus, wie ich ihn mir nach den Erzählungen der Tibeter vorgestellt hatte.*

In dieser Verwendung wird *so* auch als erstes Glied einer zweiteiligen SUBJUNKTION bezeichnet. Diese Benennung ist jedoch systemwidrig, da z. B.

1 Diese Benennungen finden sich in den üblichen Wörterbüchern; hier werden z. T. andere Termini vorgeschlagen (s. MORPHOLOGIE). Eine ausführliche Darstellung aller Verwendungen von *es* in der MITTELSTUFENGRAMMATIK.

im Fall von *wie* in (16) das „zweite Glied" ein Pronomen ist, also ein Satzglied des Nebensatzes!

Die Klassifizierung dieser Nebensätze ist zum Teil problematisch, für den Sprachunterricht aber kaum von Belang (s. 8). In (13) - (15) beschreibt man die Nebensätze am besten als Attribute zu den Adjektiven bzw. „Adverbien", in (16) handelt es sich um einen Ergänzungssatz.

Nebensatzkorrelate, insbesondere fakultative, sind eine Erscheinung, die im Zusammenhang mit der im Deutschen üblichen „mehrfachen Repräsentanz" von Segmenten oder Morphemen zu sehen ist. Mehr zu diesem Redundanz-Phänomen unter C.

8 Vergleich

Die inhaltliche Benennung von Segmenten kann Bedeutungszusammenhänge klar machen, die ebenso wichtig sind oder wichtiger als syntaktische Kategorien. Das gilt z. B. für die Bedeutungskategorie < Vergleich >, die sowohl in Ergänzungen und Angaben als auch in Attributen und Prädikaten vorkommt, und zwar jeweils als Wortgruppe oder als Nebensatz.

8.1 Ergänzungen als Vergleichsglieder

(1) *Die Mädchen sind in Malaga wie süßer Wein.*[1]
(2) *Sie erschien ihm wie ein Engel.*

Diese Vergleichsglieder sind Nominal-Ergänzungen in Form von Nominalgruppen.

Nominal-Ergänzungen in Satzform als Vergleichsglieder:

(3) *Nichts ist so geblieben, wie es früher war.*
(4) *Mir kommt die Geschichte (so) vor, als ob der Zeuge sie sich ausgedacht hat / hätte.*

Bei (4) kann die Personalform die 2. Position nur besetzen, wenn sie im Konjunktiv steht: ... *als hätte er sie sich ausgedacht.* – Zum Verb *vorkommen* N, D, Nal eine Beobachtung, die mir zur Warnung vor allzu schnellem Urteil aufgrund eigener Sprachkompetenz dient: Ein türkischer Student, dessen Deutsch in jeder Hinsicht von nahezu muttersprachlicher Qualität war, sagte den Satz

(5) *Mir kommt vor, dass die Brote immer kleiner werden.*

Meine „Korrektur“:

(6) *Mir kommt es (so) vor, als ob die Brote immer kleiner werden / würden.*

Später habe ich herausgefunden, dass solche *dass*-Sätze als Subjekte (*vorkommen* N, D) in Österreich üblich sind – und besagter Student hatte am Österreichischen Gymnasium in Istanbul sein Abitur gemacht!

---

1 Jedenfalls wurde das in einem alten Schlager behauptet.

8.2 Angaben als Vergleichsglieder

(1) *Olympiasieger Emil Zatopek lief wie eine Dampflokomotive.*

Solche Modal-Angaben (besser: Vergleichs-Angaben, s. 8.2) mit *wie* kommen auch mit Adjektiven bzw. Partizipien vor:

(2) *Er brüllte wie verrückt.*
(3) *Der Wagen läuft wie geschmiert.*

Angabesätze:

(4) *Sie schwamm, als wollte sie den Delfinen Konkurrenz machen.*
(5) *Otto erzählte vom Ersten Weltkrieg, als ob er damals dabei gewesen wäre.*
(6) *Natürlich kamen sie zu spät, wie man es von solchen Leuten gewöhnt ist.*

Da der Terminus Modalsatz für Angabesätze mit den Subjunktionen *dadurch dass* und *indem* vergeben ist, bezeichnet man die hier besprochene (Unter-)Klasse ggf. besser als Vergleichs-Angabe, analog zu Vergleichsattribut.

Die entsprechenden Angabesätze gleichen den Ergänzungssätzen, sie unterscheiden sich davon nur durch ihre unspezifische Abhängigkeit vom Obersatz.

8.3 Attribute als Vergleichsglieder

(1) *Er ist so alt wie* ***du.***
(2) *Das ist so sicher* ***wie das Amen in der Kirche!***
(3) *Die jungen Blätter waren so glänzend* ***wie frisch lackiert.***

Als Teile des Prädikats können attribuierbare Wortarten vorkommen, nämlich Nomen und Adjektive bzw. Partizipien (s. 3.3.2). Bei Vergleichsgliedern, wie sie in (1) und (2) hervorgehoben sind, muss man dann entscheiden, ob man sie als vom ganzen Verbalkomplex abhängig betrachtet – dann wären sie als Angaben zu klassifizieren – oder als von einem einzelnen Wort abhängig – also als Attribute. Die Entscheidung für Attribut fällt leicht, wenn man berücksichtigt, dass solche Vergleichglieder auch in syntaktischen Umgebungen vorkommen, wo es keine diskutable Alternative gibt:

(4) *Sie schliefen so fest wie die Murmeltiere im Winter.*
(5) *Die Alhambra in Granada ist ein Schloss wie aus Tausend und eine(r) Nacht.*

Bei Komparativen, die definitionsgemäß das Merkmal < Vergleich > haben, tritt in der Standardsprache *als* an die Stelle von *wie* im attributiven Vergleichsglied:

(6) *Amanda findet Blau schöner als Rot.*
(7) *Amanda findet Blau schöner als Lilly.*

Die Verschiedenheit der Bezugsgrößen in (6) und (7) ist im Deutschen nicht grammatisch markiert; auch hier wäre der Nebensatz merkmalsreicher: (6) ... *als sie Rot findet* vs. (7) ... *als Lilly Blau findet.*

Vergleichsätze im Status von Attributen gleichen den entsprechenden Ergänzungs- und Angabesätzen:

(8) *Es ist besser, von einer kleinen Rente zu leben, als mit 75 noch arbeiten zu müssen.*

8.4 Prädikatsteile als Vergleichsglieder

Die Gruppe der Verben mit Nominal-Ergänzungen stimmt weitgehend mit den so genannten Adjektiv-Verben überein, die zusammen mit Adjektiven bzw. undeklinierten Partizipien Prädikate bilden; dabei kommen auch Segmente mit *wie* als Vergleichsglieder vor:

Die ganze Gegend sah aus wie verbrannt.

Diese ausführliche, aber unvollständige Darstellung zeigt, dass Vergleiche in allen syntaktischen Kategorien vorkommen und überall mit denselben Funktionswörtern realisiert werden: *als, wie, so ... wie, so ... als ob* und ggf. *(so) ..., dass.* Deswegen wäre es Zeitverschwendung, sie im Unterricht nach syntaktischen Kategorien getrennt zu behandeln. Vergleichssätze sollten aber nicht nur im Zusammenhang mit Konjunktiv II vorgestellt und geübt werden!

9 Identifikation

(1) *Noch vor kurzem galten die Eifel-Vulkane als erloschen.*
(2) *Der Bosporus gilt als eine der verkehrsreichsten Wasserstraßen.*
(3) *Die Kariben betrachteten die spanischen Eroberer zunächst als Götter.*
(4) *Manuel spielt in der zweiten Mannschaft als Torhüter.*
(5) *Der Großvater, als St. Nikolaus verkleidet, ermahnte die Kinder zu Gehorsam und Fleiß.*
(6) *Nach fünfzehn Jahren wurde der Vermisste für tot erklärt.*

Die hier IDENTIFIKATION genannte Bedeutungskategorie entspricht in ihrer syntaktischen Realisation weitgehend der unter VERGLEICH dargestellten, aber sie ist semantisch nicht so einheitlich. Es handelt sich nicht ausschließlich um Identität oder Kongruenz, sondern auch um Einordnung, Kategorisierung - kurz, um ein sprachliches Feld, für das es außerhalb der exakten Wissenschaften keine definierten Begriffe gibt. Einheitlich ist die Kategorie aber in formaler Hinsicht: Außer bei *halten für* und *erklären für* werden die Identifikationsglieder immer mit *als* eingeleitet.

In (1) und (6) ist das Identifikationsglied Teil des Adjektiv-Prädikats, in (2), (3) und (6) Nominal-Ergänzung, in (4) Angabe. In (5) ist *als St. Nikolaus* Nominal-Ergänzung im Partizipialsatz, der seinerseits Attribut zu *Großvater* ist.

Wie beim Vergleich gilt auch für die Identifikation: Formale und bedeutungsmäßige Übereinstimmung sind für die Lerner wichtiger als die unterschiedlichen syntaktischen Kategorien.

10 Lokalität

Das über Vergleich und Identifikation im Unterricht Gesagte gilt sinngemäß auch für Örtlichkeiten:

(1) *Bleib (da), wo du bist!* (SITUATIV-ERGÄNZUNG)
(2) *Sie wollen sich (dort) ein Haus kaufen, wo ihre Eltern wohnen.* (LOKAL-ANGABE)
(3) *Der Sportplatz, wo wir immer Fußball spielen, steht unter Wasser.* (ATTRIBUT)
(4) *Ich kann mich nicht (daran) erinnern, wo ich sie schon gesehen habe.* (PRÄPOSITIONAL-ERGÄNZUNG)

Die Bezeichnung „Lokalsatz" für derartige *wo*-Sätze suggeriert durch die Analogie zu TEMPORALSATZ etc. leider, dass es sich um *Angaben* handele, was nicht für alle Vorkommen gilt. Andererseits ist *WO*-SATZ ungenau, denn solche gibt es auch in nicht lokaler Bedeutung:

(5) *Ausgerechnet heute, wo ich arbeiten muss, lädt er mich ins Kino ein.*
(6) *Ich verstehe dein Zögern nicht, wo du doch schon zugestimmt hattest!*

Vielleicht sollte man die letzten - seltenen - Vorkommen ignorieren und ggf. im Unterricht doch in allen syntaktischen Kategorien von *WO*-SÄTZEN sprechen.

11 Koordination

Subjunktionen markieren Nebensätze und verknüpfen auf diese Weise Sätze verschiedener syntaktischer Ebenen miteinander, gleichgültig, ob der Ober-satz ein Hauptsatz ist oder seinerseits ein Nebensatz.

Konjunktionen (s. 15.2) operieren hingegen nur auf **einer** syntaktischen Ebene. Sie verknüpfen aber nicht nur Sätze, sondern auch andere Segmente:

(1) *Iwan hat nicht ein Fahrrad gewonnen, sondern ihm ist sein(e)s gestohlen worden.*
(2) *Ich weiß nicht, ob Gönül Kurdin ist oder ob sie nur Kurdisch gelernt hat.*
(3) *Sie ist weder jung noch schön, aber reich.*

Konjunktionen haben wie Subjunktionen keine Satzglied-Funktion. Während aber eine Subjunktion die Sequenz der Satzglieder beeinflusst (Nebensatz-Stellung des Prädikats), sind Konjunktionen stellungsneutral (Null-Stellung).

Eine Sonderstellung nimmt die Konjunktion *denn* ein. Als einzige verknüpft sie ausschließlich Sätze. Das Bedeutungsmerkmal von *denn* ist <Erklärung> und nicht, wie allgemein angenommen, <Begründung>. Meistens spielt der Unterschied keine Rolle:

(4) *Herr Ertasch kommt vorläufig nicht mehr zum Frühstück, denn er fastet.*
⇒ (5) *Herr Ertasch kommt vorläufig nicht mehr zum Frühstück, weil er fastet.*

Der in (5) genannte Grund für das Nichterscheinen, das Fasten, wird in (4) als Erklärung verwendet – anders gesagt: Begründung und Erklärung fallen zusammen. Das ist aber nicht immer der Fall. Zum ersten Mal wurde mir das deutlich durch eine Äußerung meines damals fünfjährigen Sohnes; wir saßen im Auto und suchten eine Straße, die in der Nähe eines S-Bahnhofs sein sollte. Die Äußerung: *Guck 'mal, das da ist der Bahnhof, weil* … (Pause) – *denn da ist 'ne Uhr dran.* Irgendwie hatte der Junge das richtige Gefühl, dass die Uhr nicht der Grund dafür ist, dass es sich um den Bahnhof handelt – aber dass sie als Erklärung dafür dienen kann. Noch ein Beispiel:

(6) *Der Einbrecher hatte einen Schlüssel, denn das Schloss ist unbeschädigt.*

Würde man den *denn*-Satz in einen *weil*-Satz transformieren, enthielte der die absurde Feststellung, die Unversehrtheit des Schlosses sei der Grund dafür, dass der Einbrecher einen Schlüssel hat. Die – bei *denn*-Sätzen unmögliche – Voranstellung des sinnwidrigen Kausalsatzes macht den Sachverhalt unmissverständlich klar:

(7) *Weil das Schloss unbeschädigt ist, hatte der Einbrecher einen Schlüssel.*

Etwas anders ist der Sachverhalt im folgenden Beispiel:

(8) *Er muss einen Schlüssel gehabt haben, weil das Schloss unbeschädigt ist.*

Hier wird nicht unbedingt zwischen heilem Schloss und Schlüsselbesitz ein sinnloser Begründungszusammenhang behauptet; er kann sich vielmehr auf *muss* beziehen – und das bedeutet, man nimmt als sicher an ...[1]; durch Einfügen von Argumenten in die Kausalkette geht man so der Erklärung „auf den Grund".

Es gibt keine Möglichkeit, die explikative Bedeutung von Aussagesätzen mit der Konjunktion *denn* durch einen Nebensatz auszudrücken – eine äquivalente Subjunktion fehlt. Explikativ-Angaben werden mit dem formal von den Präpositional-Pronomen abweichenden Prowort *nämlich* realisiert, das bei korrektem Gebrauch nicht in Erststellung vorkommt.

Interessanterweise teilt aber *nämlich* das Schicksal von *weil;* beide werden umgangssprachlich mehr und mehr in Nullposition und Aussagesatz-Stellung verwendet, quasi als kausale Konjunktionen:

(9) *Schmidts sind wieder da, # nämlich die Jalousien sind hoch.*

Demgegenüber schwindet *denn* im Sprachgebrauch; die explikative Bedeutung wird offenbar immer weniger wahrgenommen.[2]

---

1 s. 3.3.1, Modalverben

2 s. auch 15.2

12 Satzbaupläne

Verben und prädikative Adjektive eröffnen im Satz kraft ihrer Valenz spezifische Leerstellen, die ebenso wie ihre Füllungen ERGÄNZUNGEN heißen. In dieser Syntax werden neun Ergänzungsklassen unterschieden – andere Klassifizierungen sind möglich, aber meiner gegenwärtigen Einsicht nach nicht praktischer.

Die Kombination von Ergänzungen, die ein Verb zulässt, nennt man seinen SATZBAUPLAN. Genau so gut kann man natürlich umgekehrt verfahren und unter einem Satzbauplan eine (Unter-)Klasse von Verben subsummieren; in Valenzlexika gibt es Auflistungen nach Verben sowohl als auch nach Ergänzungskombinationen; dabei fällt auf, dass in vielen Fällen eine enge Beziehung zwischen Satzbauplan und Bedeutungskategorie eines Verbs besteht, z. B. N, A, D bei *geben, schenken, leihen, überlassen, zur Verfügung stellen, ...*

Je nach Differenzierungsgrad werden in Valenzlexika und Verblisten zwanzig bis über fünfzig Satzbaupläne unterschieden, wobei die Spezifität eines Verbbegleiters von den Autoren teilweise verschieden beurteilt wird. Mehr als drei Ergänzungen in einem Satzbauplan werden nicht konstatiert. Alle Satzbaupläne beziehen sich auf Aktivsätze!

12.1 Liste der Ergänzungsklassen

	Klasse	**Abk.**	**Erfragung**
1	Nominativ-Ergänzung (= Subjekt)	N	*WER? / WAS?*
2	Akkusativ-Ergänzung	A	*WEN? / WAS?*
3	Dativ-Ergänzung	D	*WEM?*
4	Genitiv-Ergänzung	G	*WESSEN?*
5	Präpositional-Ergänzung	P	PRÄPOSITION U. FRAGEPRONOMEN (z. B. *FÜR WEN?*)
6	Direktional-Ergänzung	DIR	*WOHIN? / WOHER?*
7	Situativ-Ergänzung	SIT	*WO? / (WANN?)*
8	Expansiv-Ergänzung	EXP	*WIE LANGE / WIE VIEL? / WIE WEIT?*
9	Nominal-Ergänzung	NAL	*(ALS) WAS? / WIE?*

12.2 Verbliste mit Satzbauplänen (Beispiele)

Verben + Ergänzungen	Beispielsätze
abhängig + Adj.-V. N, P *von*	*Europa bleibt von Erdölimporten abhängig.*
ähnlich + Adj.-V. N, D	*Rosalind wird ihrer Mutter immer ähnlicher.*
bestehen N, (A), P auf_D	*Sie besteht darauf, (sich) täglich zu baden.*
bestehen N, EXP	*Die UN bestehen seit mehr als 50 Jahren.*
bestehen N, A	*Sophie hat alle Prüfungen bestanden.*
bestehen N, P *aus*	*Kochsalz besteht aus Chlor und Natrium.*
beweisen N, A	*Den Lehrsatz des Pythagoras hat auch Euklid bewiesen.*
bezeichnen N, A, NAL *als*	*Studenten bezeichnen ihr Zimmer oft als Bude.*
bezichtigen N, A, G	*Man bezichtigte ihn, einen Regenbogen versteckt zu haben.*
erinnern N, A, P an_A	*Erinnere mich bitte an den Klausurtermin.*
es gibt A	*Saurier gibt es nicht mehr.*
geben N, A, D	*Wolltest du mir nicht deine Telefonnummer geben?*
es heißt NAL	*In der Meldung hieß es, alle Passagiere hätten überlebt.*
helfen N, D	*Helft ihr mir beim Umzug?*
legen N, A, DIR	*Wohin hast du nun wieder den Revolver gelegt?*
liegen N, SIT	*Die Brille liegt immer da, wo man es nicht vermutet.*
es regnet –	*Drei Tage hatte es ununterbrochen geregnet.*
s.[1] aneignen N, A	*Du hast dir in den USA gute Sprachkenntnisse angeeignet.*
s. befinden N, SIT	*Die Toiletten befinden sich im Erdgeschoss.*
s. begeben N, DIR	*Die Gäste begaben sich in den Festsaal.*
s. erstrecken N, EXP	*Die Pyrenäen erstrecken sich vom Atlantik bis zum Mittelmeer.*
s. fühlen N, NAL *wie*	*Fühle dich hier wie zu Hause!*
es handelt sich P *um*, P *bei*	*Bei Ergänzungen handelt es sich um verbspezifische Satzglieder.*
s. schämen N, G	*Die Trauergäste schämten sich der Tränen nicht.*
schenken N, A, D	*Die Sprüche kannst du dir schenken!*

1 Das Reflexivum steht im Dativ, wenn der Satzbauplan eine Akkusativ-Ergänzung enthält.

schlafen N	*Igel schlafen im Winter.*
schlecht + Adj.-V. D	*Mir ist schlecht geworden.*
sein N, NAL_N	*Masern sind eine Kinderkrankheit.*
sein N, SIT	*Der Kuchen ist noch im Backofen.*
sein N, G	*Ich bin deiner Meinung*
überlegen + Adj.V. N, D, P an_D	*Frauen sind Männern an Ausdauer oft überlegen.*

Ein erheblicher Teil der Fehler unserer Lerner sind Verstöße gegen den Satzbauplan. Es ist daher empfehlenswert, Verben auch dann mit ihrer Valenz einzuführen, wenn man das Lernen derselben nicht verlangen will, und bei der Korrektur daran zu erinnern, z. B.

(1) *# Das Becherglas steht auf ein(en) Dreifuß.*

Es müsste nach der richtigen Ergänzung gefragt werden (SIT). Auch wenn die Kenntnis des Satzbauplans nicht unbedingt gleich zur Vermeidung eines Fehlers führt, verbessert sie den Übungseffekt. Besonders bei häufig vorkommenden Verben sollte daher dazu angehalten werden, den Satzbauplan zu lernen; am besten liefert ihn der Lehrer mit: *verschieben* N, A, DIR:

(2) *Eine hohe Ammoniumionen-Konzentration verschiebt das Gleichgewicht der Glutamat-Dehydrogenase-Reaktion zur Glutamatbildung (hin).*

Dabei ist es natürlich nicht nötig, die formalisierte Darstellung zu wählen – nur wegen der wenigen subjektlosen Verben lohnt sich z. B. der ständige Hinweis auf N nicht.

Ich möchte an dieser Stelle der manchmal geäußerten Ansicht entgegentreten, die Begriffe seien unnötiger Ballast. Grammatische Termini, traditionelle wie dependenzielle (letztere oft einfach abgelehnt, weil ungewohnt) – dienen im Unterricht der schnellen Verständigung über sprachliche Sachverhalte, ersparen umständliche Erklärungen und damit Unterrichtszeit. Besonders für präzise Aufgabenstellungen sind grammatische Termini unentbehrlich. Natürlich gibt es auf beiden Seiten die Möglichkeit der Übertreibung; wohl jeder kennt Lehrer, denen über linguistischen Spezialitäten das Ziel „Sprachvermittlung“ aus dem Blick zu geraten droht, wie auch Lerner, die „in Grammatik“ perfekt sind, aber sich nur mühsam und fehlerhaft ausdrücken können. – Sind erst einmal die Grundlagen gelegt, genügt z. B. bei (1) die korrigierende Frage *Wo?*

Die besonders am Anfang im Fachunterricht üblichen Tafel- oder OHP-Texte bieten viele Möglichkeiten, die Bildung korrekter Sätze zu üben,

z. B. durch Weglassen der Präpositionen:

(3) *Das Gehirn reagiert sehr empfindlich ________ eine Senkung des ATP-Spiegels.*

Speziell die Versprachlichung von Reaktionsgleichungen ist – einschlägige Lernergruppen vorausgesetzt – ein nützliches Training der Sprachfertigkeit, wobei man die üblichen Nachlässigkeiten des Ausdrucks – *„Es werden zwei Wasserstoffe abgespalten"* – nicht hinnehmen sollte. Beispiel: $2\ K + 2\ H_2O = 2\ KOH + H_2$:

(4) *Kalium reagiert _______ Wasser _______ Kaliumhydroxid und Wasserstoff.*

Das oft gehörte Argument – etwa in Studienkollegs –, es sei keine Zeit dafür vorhanden, verrät Kurzsichtigkeit. Die am Anfang eingesetzte Zeit macht sich bei der Mehrzahl der Lerner bald durch besseres Verständnis und verständlichere Formulierungen bezahlt! Andererseits sollten die Sprachlehrer, wo immer es geht, an (adaptierten) Fachtexten, – mindestens aber an wissenschaftssprachlichen Texten – üben lassen.

B Grafische Darstellung von Satzstrukturen

Der ehrgeizige Anspruch der Generativen Transformationsgrammatik hat Strukturbäume in Verruf gebracht; sie sind unmodern. Es gibt aber Lerner, besonders in mathematisch-naturwissenschaftlichen Kursen, die für die Veranschaulichung syntaktischer Beziehungen aufgeschlossen sind und davon profitieren. Daher kann es nützlich sein, eine komplizierte Periode grafisch darzustellen. Hier soll an wenigen Beispielen die Möglichkeit demonstriert werden, ohne dass ausführlich auf die formalen Probleme solcher Grafiken eingegangen wird.

Strukturbäume haben den Charakter von Mobiles, sie geben über die lineare Anordnung der Segmente keine Auskunft. Alle Satzglieder werden gekennzeichnet als abhängig von einem obersten Knoten SATZ (S), unter dem das PRÄDIKAT (PR) als „Regens" aller übrigen steht.[1]

Attribute werden auf einer Ebene unterhalb ihrer Bezugswörter dargestellt. Ergänzungen werden mit Großbuchstaben symbolisiert (s. 12.1), Angaben mit Kleinbuchstaben, eventuell einfach mit ANG., Attribute mit AT.

Das gewählte Darstellungsverfahren hat Schwächen, ist aber einigermaßen durchdacht und erwiesenermaßen zweckdienlich. Hier die drei im Folgenden veranschaulichten Satzbeispiele:

(1) *Es ist sehr wahrscheinlich, dass es nicht zwei ganz genau gleiche Blätter an einem Baum gibt.*
(2) *Myosin, ein Protein, bildet spontan Filamente, fungiert als ATP-spaltendes Enzym und lagert sich an F-Aktin an.*
(3) *Dass man zwei Bilder wahrnimmt, wenn man den Daumen an die Nasenspitze hält, liegt daran, dass sie in Bereichen der rechten und linken Netzhaut entstehen, die einander nicht entsprechen.*

Das stellungsbedingte Korrelat *es* erscheint in der Graphik nicht, da Stellungsregeln nicht berücksichtigt werden. Es ist bei solchen Sätzen sinnvoll, die Lerner selbst eine Umstellung vornehmen zu lassen:

(4) *Dass es nicht zwei ganz genau gleiche Blätter an einem Baum gibt, ist sehr wahrscheinlich.*

---

1 Es erscheint paradox, dass der Satz, der sich anhand der Valenz des Prädikats konstituiert, in der Grafik als Symbol über dem Prädikat erscheint. Man entgeht dem Dilemma m. E., wenn man dem Symbol SATZ den Satzbauplan des Prädikatsverbs bzw. -adjektivs zuordnet.

Subjunktionen und Nebensatz-Korrelate stehen in Klammern neben dem Satzsymbol, sie haben keine Satzteil- oder Attributsfunktionen. Nicht realisierte Segmente in Aufzählungen erscheinen in eckigen Klammern. Im Übrigen sollte die Darstellung sich den Interessierten selbst erklären.

Grafische Darstellung der Abhängigkeitsverhältnisse (Beispiele)

(1)

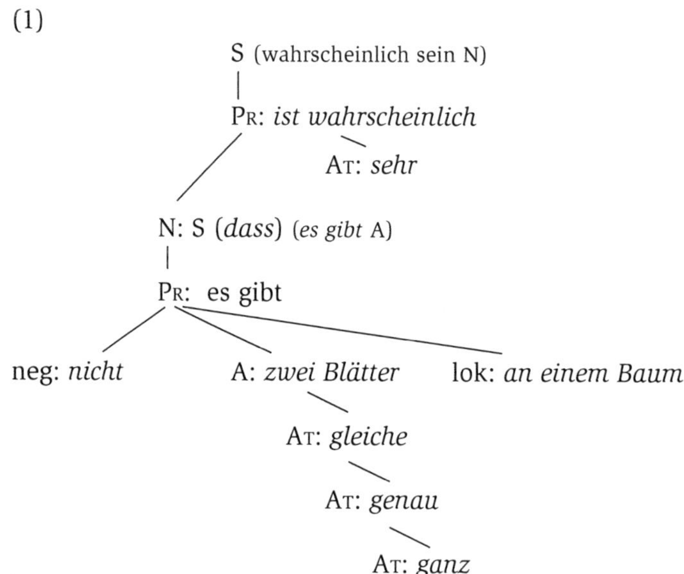

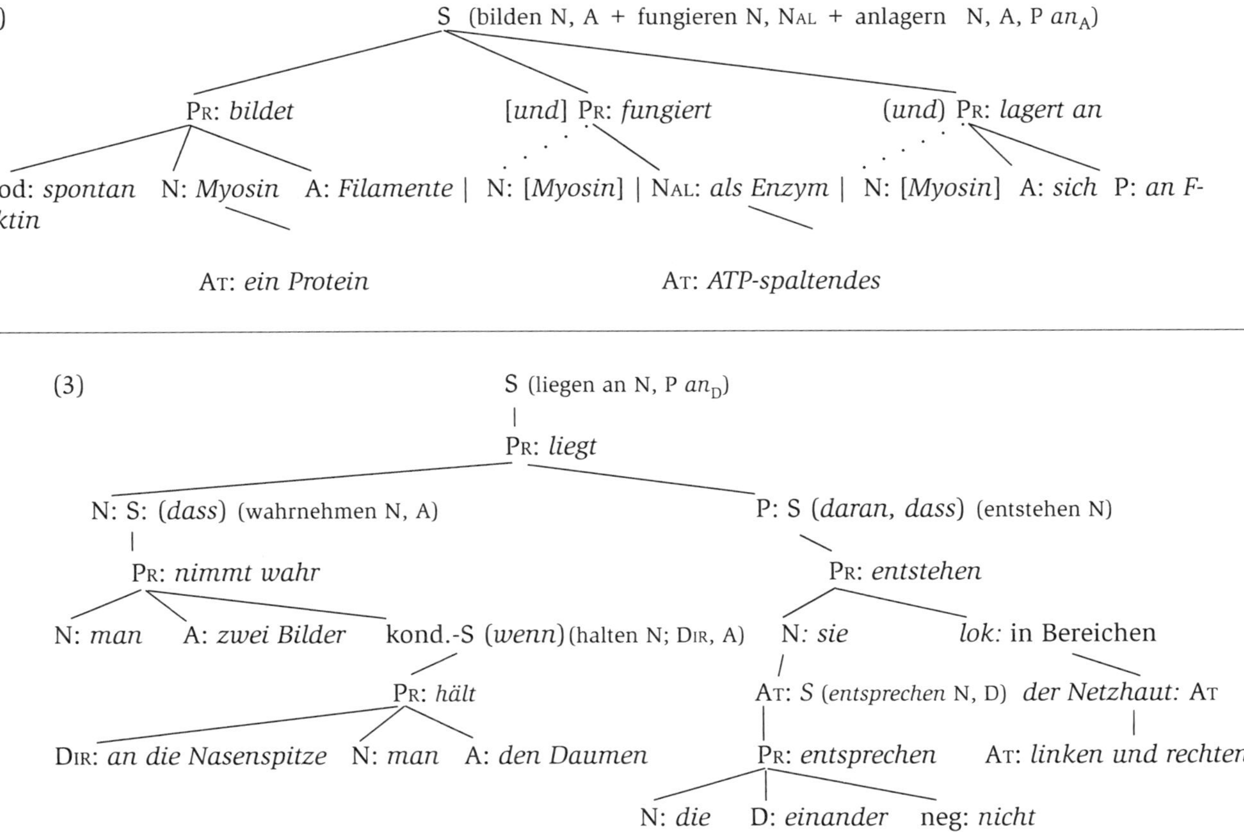

(2)
S (bilden N, A + fungieren N, NAL + anlagern N, A, P anA)
PR: bildet
[und] PR: fungiert
(und) PR: lagert an
mod: spontan
N: Myosin
A: Filamente
N: [Myosin]
NAL: als Enzym
N: [Myosin]
A: sich
P: an F-Aktin
AT: ein Protein
AT: ATP-spaltendes
(3)
S (liegen an N, P anD)
PR: liegt
N: S: (dass) (wahrnehmen N, A)
P: S (daran, dass) (entstehen N)
PR: nimmt wahr
PR: entstehen
N: man
A: zwei Bilder
kond.-S (wenn) (halten N; DIR, A)
N: sie
lok: in Bereichen
PR: hält
AT: S (entsprechen N, D)
der Netzhaut: AT
DIR: an die Nasenspitze
N: man
A: den Daumen
PR: entsprechen
AT: linken und rechten
N: die
D: einander
neg: nicht

Eine andere Darstellungsform, die Morphologie und Wortstellung so weit wie möglich berücksichtigt, nicht aber die Dependenz, ist übersichtlich und lässt sich leicht ad hoc an der Wandtafel oder auf dem OHP realisieren – auch als Übung! Eine Studentin hat das Verfahren als „Japanische Satzanalyse" bezeichnet, offenbar wegen der Schreibrichtung von oben nach unten. Zur Terminologie s. C.

„Japanische Satzanalyse"

Tempus Modus Diathese	**Wortarten**	**(Genus) Person Numerus Kasus [Status]**	**Satz**	**Satzglieder**	
	Personalpronomen	3. Sg. N (n)	***Es***	∅ (Korrelat)	Hauptsatz
Präsens Indikativ Aktiv	Hilfsverb	3. Sg. [Personalform]	***ist***	Prädikat	
	Adjektiv	—	***schade,***		
	Subjunktion	—	***dass***	∅	Nebensatz
	Personal-Pronomen	2. Sg.	***du***	Subjekt	
	Partikel	—	***nicht***	Negationsang.	
Präsens Indikativ Aktiv	Verb	[Infinitiv]	***kommen***	Prädikat	
	Modalverb	2. Sg. [Personalform]	***konntest.***		

Tempus Modus Diathese	Wortarten	(Genus) PERSON NUMERUS KASUS [STATUS]	Satz	Attribute	Satzglieder
	Präposition D	—	***In***		Lokal-angabe
	Adjektiv	Pl. D (m)	***vielen***	Adj.-Attribut	
	Nomen	〃 〃 〃	***Sprachkursen***		
	Präposition A	—	***für***	Präpositional-Attribut	
	Nomen	Pl. A	***Studierende***		
Satzklammer: Perfekt	Hilfsverb	3. Sg. [Personalform]	***hat***		Prädikat I
	Reflexivum (Verbteil!)	3. Sg. A	***sich***		
	best. Artikel	Sg. D (f)	***die***		Subjekt
	Nomen	〃 〃 〃	***Valenzgrammatik***		
	Partikel	—	***als***		Identifikaitons-angabe
	Nomen	(n) Sg. N	***Beschreibungs-***		
	Adjektiv	—	***verfahren***		Modalang.
	Verb	[Partizip II]	***gut***		Prädikat II
			bewährt.		

C Morphologie

13 Wörter

In der Grammatik versteht man unter MORPHOLOGIE, zu Deutsch Formenlehre, die systematische Darstellung der verschiedenen Formen, in denen ein Wort oder eine Wortgruppe erscheint. Meistens zählt man auch Regeln dazu, nach denen Wörter gebildet werden.

Was ist ein Wort? Unter Verzicht auf komplizierte theoretische Überlegungen wird die Einheit WORT hier so definiert:

> Ein Wort ist ein sprachliches Segment, vor und hinter dem sich bei schriftlicher Repräsentation eine Lücke befindet – bei (deutlicher) mündlicher Repräsentation eine (oft sehr kurze) Pause.

Die Segmente *Wort* und *Wörter* oder *rufst* und *riefen* kann man als grammatische Varianten desselben Wortes betrachten; Zeichen, die die unterschiedlichen grammatischen Formen eines Wortes konstituieren, heißen MORPHEME oder FORMANTEN.

Schwieriger ist die Entscheidung, ob *der* und *dem*, Kasus-Varianten des maskulinen bestimmten Artikels, als „dasselbe" Wort gelten können – und obendrein kann *der* ja auch eine Kasusform des femininen bestimmten Artikels oder des Plurals sein. Um mit solchen Problemen umgehen zu können, haben Linguisten den Begriff LEXEM eingeführt; damit ist eine semantische, d. h. (inhaltliche) Bedeutung tragende Einheit im abstrakten Lexikon gemeint, von der das Wort sozusagen die konkrete Repräsentation ist. Aber der Lexem-Begriff ist in verschiedenen Grammatik-Theorien keineswegs einheitlich definiert und gegen MORPHEM schwer abzugrenzen. Was ist z. B. die „inhaltliche Bedeutung" eines bestimmten Artikels? Unter dem Aspekt des Sprachunterrichts sind diese Fragen aber kaum wichtig. Wie bei der Satzdefinition läuft es für uns darauf hinaus, dass kompetente Sprecher[1] eben „wissen", was ein Wort ist.

Ein Grundproblem für viele Lerner ist es, dass ihnen Veränderungen eines Wortes aus ihren Muttersprachen nicht vertraut sind. – Aber auch im Deutschen sind sehr viele Wörter unveränderlich: *und, ob, obwohl, über, sehr,*

1 Der DE SAUSSUREsche Begriff „Langue" bezeichnet das abstrakte System einer Sprache, an dem ihre Sprecher in unterschiedlichem Ausmaß teilhaben; CHOMSKYS Begriff „Competence" bezeichnet den individuellen Anteil an dem als Lexikon + Regelwerk verstandenen System.

auch, schon, ...; soweit sie nicht durch eine eindeutige syntaktische Funktionsbeschreibung definiert sind – PRÄPOSITION, PRONOMEN, SUBJUNKTION, ... – kann man sie für den Unterrichtsgebrauch unter der Bezeichnung PARTIKEL(N) zusammenfassen. Das ist in manchen Fällen erfahrungsgemäß weniger problematisch als der Versuch einer differenzierenden Benennung.

Unbefriedigend ist zum Beispiel die Bezeichnung „Adverb". Man findet noch immer Lehrbücher und Lehrer, die zwischen *Sie ist hübsch / ein hübsches Mädchen* (Adjektiv) und *Sie hat sich hübsch angezogen* (Adverb) unterscheiden, wobei die zweite Benennung syntaktisch motiviert ist: „Adverbiale Bestimmung", aus dem Fundus der traditionellen Grammatik (s. 3.1.6). Diese „Mischdefinition" ist aber zirkelhaft: Zuerst werden Angaben mit der Bezeichnung „adverbial" belegt – dann gewinnt man die Bezeichnung „Adverb" aus der Verwendung des Adjektivs als Angabe.

Man sollte, und mit dieser Meinung stehe ich nicht allein, auf die Bezeichnung „Adverb" im Deutschen verzichten oder mindestens eine Neudefinition vornehmen, durch die der Geltungsbereich stark eingeschränkt werden müsste – die traditionellen Adverbien sind eine höchst uneinheitliche Gruppe mit einem Verlegenheits-Etikett. Da aber diese umfangreiche Aufgabe hier nicht zu erfüllen ist, werden nur punktuell andere Bezeichnungen gewählt, wo dies sinnvoll erscheint.

14 Flexion

Schon in den ältesten Grammatiken indo-europäischer Sprachen wird die Erkenntnis formuliert, dass Wörter flexibel, „biegsam", sein können. Die Veränderungen, denen Wörter bei kommunikativer Verwendung unterworfen sind, d. h. außerhalb von Lexika und Listen, nennt man daher Flexion. Wie schon in der Einleitung angemerkt, dienen Flexionsmorpheme vorwiegend der Markierung syntaktischer Relationen.

14.1 Konjugation

14.1.1 Konjugationssystem

Darunter versteht man die Flexion bei Verben. Sie umfasst im Deutschen maximal fünf verschiedene Merkmale.

Unter dem Begriff < Verbalstatus > wird die begriffliche Unterscheidung von konjugierten und nicht konjugierten Verbformen vorgenommen:

1. Nicht konjugierte Verbformen: Infinitiv / Partizip
2. Konjugierte Verbformen: Personalform
   - 2.1 < Person > : 1. / 2. / 3. Person
   - 2.2 < Numerus > : Singular / Plural
   - 2.3 < Tempus > : Präsens / Präteritum / Perfekt / Plusquamperfekt / Futur I / Futur II
   - 2.4 < Modus > : Indikativ / Konjunktiv I / Konjunktiv II / Imperativ
   - 2.5 < Diathese > (= Genus Verbi): Aktiv / *werden*-Passiv / *sein*-Passiv

Eine vierte Diathese, Zustands-Reflexiv, (... *ist betrunken, ... war verliebt*) gibt es bei Reflexiva. Eine systematische Behandlung im Unterricht ist wegen des unsystematischen Vorkommens (*# ist beeilt, # ist beschwert*) unnötig und allenfalls im Zusammenhang mit der Unterscheidung von Adjektiv-Prädikat und sein-Passiv sinnvoll (s. u.).

Die Merkmale < Person > + < Numerus >, die die Personalform kennzeichnen, kommen streng formal betrachtet nur beim Imperativ und den Tempora Präsens und Präteritum von Haupt- oder Nebenverben vor. Die übrigen, die „zusammengesetzten" Tempora haben, wie auch das Passiv, neben diesen Formen nur „infinite", d. h. nicht konjugierte Formen.

Die Tempus-Formen sind vollständig nur im Indikativ realisiert; im Konjunktiv I und II sind sie im modernen Sprachgebrauch weitgehend auf je zwei integrierte Formen für Gegenwart / Zukunft und Vergangenheit beschränkt.

Zur Person-Numerus-Kongruenz von Personalform und Subjekt (s. u., DEKLINATION).

Das folgende Schema zeigt nicht alle theoretisch bildbaren Formen. Futur II des Konjunktivs II *sein*-Passiv beispielsweise müsste *Die Tür würde zugeschlossen gewesen sein* heißen – aber trotz der zunehmenden Tendenz, den Konjunktiv II mit würde zu bilden, kommt so gut wie ausschließlich die integrierte Vergangenheitsform *...wäre zugeschlossen gewesen* vor, die formal vom Plusquamperfekt herzuleiten ist[1]. Grund dafür dürfte sein, dass viergliedrige Prädikate kaum akzeptabel sind und selbst dreigliedrige nach Möglichkeit vermieden werden. Dementsprechend kommen die eingeklammerten Formen kaum vor. Genauer wird unten (s. Gebrauch der Tempora) auf diese Frage eingegangen. Zu den Verwendungsweisen von Passiv sowie Konjunktiv I und II s. SYNTAX und ÜBUNGSGRAMMATIK FÜR DIE MITTELSTUFE.

Im Zusammenhang mit dem Imperativ gibt es einige Dinge, die im DaF-Unterricht beachtet werden sollten. Die Formen, *Lies! / Lest!* und *Lesen Sie (bitte)!*, sind nicht schwer zu erlernen, der Gebrauch muss aber ausführlich erläutert werden. Die in Grammatiken leider immer noch übliche Unterscheidung von „Höflichkeitsform" und – ja, was eigentlich? – ist problematisch.

Es wäre ja keineswegs höflich, wenn man einen langjährigen Bekannten, mit dem man „per du" ist, wegen gewisser Vorkommnisse plötzlich siezte; ebenso wenig ist es ein Mangel an Höflichkeit, wenn ich meine Schwester duze. Kurz: Man benenne die beiden Paradigmen des Imperativs mit „informell" / „formell". Diese Begriffe bedürfen aber im Interesse vieler Lerner der Erläuterung mitsamt einer ausführlichen Einführung in den Anrede-Kodex hierzulande. (Sehr nützlich ist schon die Einführung des Verbpaars *duzen / siezen!*) Für Türken städtischer Herkunft ist es beispielsweise keineswegs selbstverständlich, dass bei uns fremde Kinder geduzt werden. – Von welchem Alter an werden fremde Heranwachsende gesiezt?[2] In vielen Ländern werden die Eltern gesiezt. Dass der Vorgesetzte in der Regel gesiezt wird, macht keine Probleme – aber wieso siezen sich manche Kolleginnen und Kollegen, während sich andere duzen?

1 Das sollte jedoch kein Anlass sein, im Unterricht von KONJUNKTIV II PLUSQUAMPERFEKT zu sprechen – KONJUNKTIV II VERGANGENHEIT (und entsprechend GEGENWART – statt PRÄTERITUM (!) – genügt!

2 Auf die onkelhafte Frage eines älteren entfernten Bekannten der Familie an unsere damals siebzehnjährige Tochter „Ich darf doch *du* sagen?" antwortete sie: „Wenn ich auch *du* sagen darf!" – Das Thema wurde fallen gelassen.

Schema der Konjugationsformen (nur 3. Person Singular)

Indikativ Aktiv

PRÄS	*Man schließt die Tür zu*
PRÄT	*Man schloss die Tür zu*
PERF	*Man hat die Tür zugeschlossen*
PQPF	*Man hatte die Tür zugeschlossen*
FUT. I	*Man wird die Tür zuschließen*
FUT. II	*Man wird die Tür zugeschlossen haben*

Konjunktiv I Aktiv: *Otto meint, …*

GW / ZK	*man schließe die Tür zu*
VG	*man habe die Tür zugeschlossen*
(FUT. I)	*(man werde die Tür zuschließen)*
(FUT. II)	*(man werde die Tür zugeschlossen haben)*

Konjunktiv II Aktiv: *Es wäre besser, …*

GW / ZK	*man schlösse die Tür zu / man würde die Tür zuschließen*
VG	*man hätte die Tür zugeschlossen / (man würde die Tür zugeschlossen haben)*

Indikativ *werden*-Passiv

PRÄS	*Die Tür wird zugeschlossen*
PRÄT	*Die Tür wurde zugeschlossen*
PERF	*Die Tür ist zugeschlossen worden*
PQPF	*Die Tür war zugeschlossen worden*
FUT. I	*Die Tür wird zugeschlossen werden*
FUT. II	*Die Tür wird zugeschlossen worden sein*

Konjunktiv I *werden*-Passiv: *Otto meint, …*

GW / ZK	*die Tür werde zugeschlossen*
VG	*die Tür sei zugeschlossen worden*
(FUT. I)	*(die Tür werde zugeschlossen worden sein)*

Konjunktiv II *werden*-Passiv: *Es wäre besser, …*

GW / ZK	*die Tür würde zugeschlossen*
VG	*die Tür wäre zugeschlossen worden*
(FUT. I)	*(die Tür würde zugeschlossen werden)*

Indikativ *sein*-Passiv

PRÄS	*Die Tür ist zugeschlossen*
PRÄT	*Die Tür war zugeschlossen*
PERF	*Die Tür ist zugeschlossen gewesen*
PQPF	*Die Tür war zugeschlossen gewesen*
FUT. I	*Die Tür wird zugeschlossen sein*
FUT. II	*Die Tür wird zugeschlossen gewesen sein*

Konjunktiv I *sein*-Passiv: *Otto meint, …*

GW / ZK	*die Tür sei zugeschlossen*
VG	*die Tür sei zugeschlossen gewesen*
(FUT. I)	*(die Tür werde zugeschlossen sein)*
(FUT. II)	*(die Tür werde zugeschlossen gewesen sein)*

Konjunktiv II *sein*-Passiv: *Es wäre besser, …*

GW / ZK	*die Tür wäre zugeschlossen*
VG	*die Tür wäre zugeschlossen gewesen*

Abweichende Formen der Verben, die das PERF / PQPF mit *sein* bilden:

Ind. Akt. PERF	*Man ist zusammengekommen*	**Konj. II Akt.** VG	*… man wäre zusammengekommen*
Ind. Akt. PQPF	*Man war zusammengekommen*	**Konj. I Akt.** VG	*… man sei zusammengekommen*
Ind. Akt. FUT. II	*Man wird zusammengekommen sein*		

Solche Verben bilden kein Passiv! (Ausnahmen s. 3.3.4)

Imperativ

	Singular	Plural
informell:	*schließ …*	*schließt …*
formell:	*schließen Sie …*	

abends die Tür bitte zu!

Zeichen und Abkürzungen: ( ) ungebräuchliche Form; GW Gegenwart; VG Vergangenheit; ZK Zukunft

Die Wichtigkeit eines solchen sozio-kulturellen Exkurses wird einem deutlich, wenn man bedenkt, dass schon im – in jeder Hinsicht „nahen“ – Englischen die *du / Sie*-Alternative nicht existiert, ohne dass damit der Unterschied formell / informell aufgehoben wäre, umso mehr aber, wenn man weiß, dass in asiatischen Sprachen z. T. eine äußerst differenzierte sprachliche Abstufung praktiziert wird. Im Thai verwendet man allein fünf verschiedene Wörter für unser *ich*, je nachdem, mit wem man spricht! – Übrigens gab es bei uns bis etwa 1968 die Sitte noch nicht, dass Studenten, die sich kennen, sich ohne Umstände auch duzen. Das Ritual zwischen Erwachsenen, sich das Du anzubieten, wird heute meistens weniger formell gehandhabt als früher. Als gesellschaftliche Gepflogenheit gehört es m. E. im Unterricht erwähnt.

Aufforderungen in der 1. Person Singular sind sinnlos; wenn sich jemand selbst in sprachlicher Form „einen Ruck gibt“, tut er das mit *du*-Anrede; Otto, um neun Uhr noch im Bett liegend, sagt zu sich selbst:

Steh endlich auf, du Faultier!

In der 1. Person Plural verwendet man für Aufforderungen *lassen* oder die Fragesatzstellung ohne Frageton bzw. Fragezeichen:

Lass / Lasst uns Schluss machen! Gehen wir!

Indirekte Aufforderungen werden mit *sollen* ausgedrückt:

Frau Müller, Sie sollen bitte die Post holen, und der Hausmeister soll zum Chef kommen.

Die Bildung der Tempora bei schwachen und starken Verben gehört zum Grundstock des Grammatik-Unterrichts, und kein Anfänger jenseits der Pubertät hat die Chance, ohne intensives Lernen und Üben auszukommen. Lehrer, die es Lernern durch Einführung der Ablautreihen „erleichtern“ wollen, gibt es heute hoffentlich nicht mehr[1].

Ein wichtiges Kapitel im Sprachunterricht ist der Tempusgebrauch. Die meisten Menschen, nicht nur DaF-Lerner, setzen in naiver Weise Tempora mit Zeitstufen gleich, und schon der Begriff der Zeitstufe bedarf der Bewusstmachung. Zeit wird als linear verlaufend vorgestellt, und zwar offenbar überall auf der Welt als rechtsläufiger Zeitstrahl, was wohl von der Universalität der Mathematik herrührt – man würde in Anbetracht unter-

1 Natürlich ist ein Hinweis auf Analogien sinnvoll, etwa bei den unregelmäßig schwachen Verben: *brennen, nennen, kennen, rennen, …*

schiedlicher Schreibrichtungen eigentlich etwas anderes erwarten. Unser Zeit-Schema ist gegliedert in früher, jetzt und später; dem entsprechen die ZEITSTUFEN Vergangenheit, Gegenwart und Zukunft[1].

Wie das in Sprache umgesetzt wird, ist aber einzelsprachlich grundverschieden. Es gibt durchaus Sprachen, etwa das Indonesische / Malaysische, die überhaupt keine Tempora als Prädikatsmerkmale haben. Es sei dahingestellt, ob z. B. alles, was in romanischen Sprachen als „Tempus" gilt, mit unserem Tempusbegriff kompatibel ist – die sehr unterschiedliche Zahl der Tempora in verschiedenen Sprachen zeigt jedenfalls deutlich, dass eine 1:1-Entsprechung von universeller ZEITSTUFE und einzelsprachlichem Tempus nicht gegeben ist; auch die sechs (oder nur vier? s. u.!) Tempora des Deutschen passen nicht zu dieser Annahme.

Man sollte meinen, dass allen, die über Sprache reflektieren, durch Gebrauch und Beobachtung klar sei, welche Funktionen die Tempora erfüllen. Leider stimmt das so nicht; auch DaF-Lehrer verbreiten oft falsche „Regeln", bestärkt durch baren Unsinn in manchen Grammatik-Lehrbüchern, auch modernen!

Die folgende Tabelle verweist auf Beispielsätze, die das Grundmuster des Tempusgebrauchs im Deutschen repräsentieren. Dass es Abweichungen von diesem Muster gibt, dass regionale und literarische Besonderheiten existieren, soll natürlich nicht geleugnet werden.

---

1 Während VERGANGENHEIT „nach hinten" und ZUKUNFT „nach vorn" in der Vorstellung unbegrenzt sind, bezeichnet GEGENWART einen begrenzten, aber je nach Sachverhalt unterschiedlich langen Zeitabschnitt: *Jetzt fällt der Startschuss* vs. *Jetzt leben nur noch zwei Elefantenarten auf der Erde.*

14.1.2 Der Gebrauch der Tempora

Tempora	**Zeitstufen**		
	Vergangenheit	Gegenwart	Zukunft
1. Präsens	(1.3)	(1.1)	(1.2)
	(1.4)	(1.4)	(1.4)
2. Präteritum	(2.1) u. (2.2)		
3. Perfekt	(3.1)		(3.2)
4. Plusquamperfekt	(4.1) u. (4.2)		
5. Futur I		(5.1)	(5.2)
6. Futur II	(6.1)		(6.2)

(1) Präsens

Das Präsens ist das „allgemeine" Tempus; es kann auf Sachverhalte in Gegenwart, Zukunft oder Vergangenheit (erzählendes und historisches Präsens) referieren, außerdem auf zeitlich nicht markierte Sachverhalte.

(1.1) Gegenwart

Was machst du da? –Ich repariere (gerade) die Waschmaschine.

(1.2) Zukunft

Was haben Sie morgen vor? – Wir fahren nach Kassel zur documenta.

(1.3) Vergangenheit

„Also, ich fuhr mit 30 die Parkstraße entlang. Plötzlich rollt ein Ball auf die Straße, ein Kind rennt hinterher, ich trete auf die Bremse, …"

(1.4) Zeitlosigkeit

Budapest liegt an der Donau. – Drei mal vier ist zwölf. – Messing besteht aus Kupfer und Zink. – Elisabeth kommt immer zu spät.

(2) Präteritum

Das Präteritum referiert auf Vergangenes; es ist das Tempus der **Erzählung,** also u. a. typisch für literarische Texte. Das Präteritum der Modalverben und von *sein, haben, werden* wird aber regelmäßig auch als Tempus der **Besprechung** zeitlich zurückliegender Sachverhalte (s. Perfekt) verwendet. (Nicht jedoch im Oberdeutschen! s. u.)

(2.1) Erzählung

„Es lebte vor langer Zeit ein König, der gab seinen drei Söhnen Pferde und befahl ihnen, sie sollten in die Welt hinausreiten ...“

(2.2) (Besprechung: Nur bei *haben, sein, werden* u. Modalverben)

Warum war Klaus gestern nicht in der Schule? – Er konnte nicht kommen, weil er Fieber hatte und im Bett bleiben musste.

(3) Perfekt

Das Perfekt ist sozusagen das mündliche Vergangenheitstempus. Es wird vor allem verwendet, um Vergangenes zu **besprechen;** dabei versteht es sich von selbst, dass es um Sachverhalte geht, die in der Gesprächssituation, also in der jeweiligen Gegenwart, relevant sind oder jedenfalls vom Sprecher dafür gehalten werden. Dieser Gegenwartsbezug scheint verantwortlich zu sein für die Behauptung, das Perfekt referiere auf in der Vergangenheit „nicht abgeschlossene“ oder „in die Gegenwart hineinwirkende“ Vorgänge. Das mag für den Satz *Irmtraud hat letzte Woche geheiratet* gelten, aber kaum für den Satz *Bei dem gestrigen Unfall ist zum Glück niemand verletzt worden.* Die manchmal zum Vergleich herangezogenen Beispiele aus dem Englischen, etwa *She has been here since Thursday – Sie ist seit Donnerstag hier* – decken den Geltungsbereich des englischen Perfekts keineswegs vollständig ab, abgesehen davon beweisen sie fürs Deutsche natürlich nichts.

Nähme man die Bezeichnung „Perfekt“ beim Wort, besagte sie geradezu das Gegenteil, nämlich „vollendet“, „abgeschlossen“. Überkommene Bezeichnungen sollte man aber sowieso nicht als sprechende Termini betrachten, sondern als eine Art Etikett. Prinzipiell könnte das auch für „Imperfekt“ gelten, das oft anstelle von „Präteritum“ verwendet wird, doch sprechen Argumente aus der vergleichenden Sprachwissenschaft dagegen.

(3.1) Vergangenes im Gespräch

Nachdem sie am Morgen aufgestanden ist, macht sie zuerst Gymnastik. Was habt ihr am Wochenende gemacht? – Am Samstag haben wir Peters Geburtstag gefeiert; wir haben Bier und CDs eingepackt, sind hingefahren und haben bis zum Morgen getanzt.

Wie oben erwähnt, wird bei *haben, sein, werden* und den Modalverben auch im Gespräch das Präteritum verwendet:

Peters Schwester konnte leider nicht mit uns feiern; sie hatte am Montag eine Prüfung, für die sie lernen musste. Auch Otto war nicht da.

Der Anwendungsbereich des Perfekts ist beschreibbar als Referenz auf Vorhergehendes; die Referenz auf tatsächlich Vergangenes in der aktuellen Gesprächssituation ist nur **eine** Möglichkeit. Das Perfekt markiert die zeitliche Relation „Vorzeitigkeit", außer wenn es sich um Vorzeitigkeit zu einem Vorgang in der Vergangenheit handelt. (s. Plusquamperfekt)

(3.2) Vorzeitigkeit in der Zukunft.

Sobald ich diesen Brief geschrieben habe[1], *gehe ich zu Bett.*
Peter wird uns sofort ein E-Mail schicken, wenn er angekommen ist.

Probleme beim Gebrauch von Präteritum und Perfekt

Die Regel „Präteritum in der Erzählung, Perfekt im Gespräch" gilt zwar für die Standardsprache fast uneingeschränkt, für das Oberdeutsche[2] aber nicht. Auch wenn die Sprecher nicht Dialekt, sondern Hochdeutsch reden, tritt in der Erzählung das Präteritum hinter das Perfekt zurück, selbst bei *haben, sein, werden* und Modalverben:

> *Es ist einmal ein kleines Mädchen gewesen, das hat Rotkäppchen geheißen. Einmal hat es seiner kranken Großmutter Kuchen und Wein bringen wollen. Da ist es durch den dunklen Wald gegangen ...*

Diese regionale Eigenart geht unter dem Einfluss von Schule, Radio und Fernsehen langsam zurück; sie ist nicht als falsch zu bewerten, die Rede wirkt allerdings durch die umfangreicheren Prädikate etwas umständlich.

Ärgerlich ist dagegen die Unart, das Präteritum als Gesprächs-Tempus zu verwenden, die durch schlampige Übersetzungen aus dem Englischen

---

1 hier anstelle des komplexeren Futurs II: ... *geschrieben haben werde, ...*

2 die Dialektgruppen des Bairischen und Alemannischen, also etwa Deutsch südlich des Mains

immer weiter um sich greift. Ein Beispiel aus einem Comic[1]: Ein Mann, der aussieht, als hätte er sich 14 Tage nicht rasiert, wird gefragt, ob das ein Vollbart werden solle. Antwort:

> # *Nein, ich aß ein Sahnetörtchen und küsste einen Kater!*

Verstärkt wird diese Tendenz, englisches Simple Past mit deutschem Präteritum zu übersetzen, durch die Schwierigkeit, Film- und Fernseh-Dialoge lippensynchron wiederzugeben; das mehrteilige Perfekt erfordert nun einmal mehr Mundbewegungen als das einteilige Präteritum.

Ein Phänomen, das Muttersprachlern fast nie auffällt, Lerner aber gelegentlich verwirrt, ist das unterschiedliche Tempus in Haupt- und Nebensatz:

> *Ich bin in die Bibliothek gegangen und habe mir das große Wörterbuch geholt, weil der Text sehr schwierig war und ich zuerst überhaupt nichts verstand.*
> *Obwohl er die ganze Zeit am Fenster stand, hat er angeblich von dem Unfall nichts bemerkt.*
> *Als das Gewitter begann, haben wir sofort den Computer ausgeschaltet.*

Nicht immer steht der Hauptsatz im Perfekt:

> *Während Susanne zum Telefon gerannt ist und die Polizei benachrichtigt hat, standen die anderen um die Unfallstelle herum und gafften.*

In solchen Perioden beteiligt sich der Sprecher mit dem einen Teilsatz an einem Gespräch, während er mit dem anderen sozusagen die Situation erzählend schildert - kurz gesagt handelt es sich um Gesprächsthema und Hintergrund. Es ist aber nicht so, dass, wie oft behauptet wird, im Hauptsatz immer die „Hauptsache" und im Nebensatz die „Nebensache" steht!

(4) Plusquamperfekt

Das Plusquamperfekt markiert von zwei Sachverhalten in der Vergangenheit den früheren; am häufigsten erscheint das Plusquamperfekt in Temporal-Sätzen mit der Subjunktion *nachdem.*

(4.1) Vorzeitigkeit zum Präteritum

Ein Bus fuhr nicht mehr, denn es war inzwischen sehr spät geworden.
Nachdem alle Gäste eingetroffen waren und am Tisch Platz genommen hatten, wurde eine riesige Schüssel Suppe hereingetragen.

1 Garfield

(4.2) Vorzeitigkeit zum Perfekt

Als sich die Gäste verabschiedet hatten, haben wir noch das Geschirr abgewaschen.
Der Brand ist ausgebrochen, weil das Abschalten eines Heizlüfters vergessen worden war.

Regional wird im Gespräch von vielen Sprechern das Plusquamperfekt anstelle des Perfekts zur Markierung vergangener Sachverhalte gebraucht (Westfalen):

Gestern hatte ich mir diese Schuhe gekauft. Anschließend war ich noch im Kino gewesen.

Bei DaF-Lernern sollte man solche Äußerungen gegebenenfalls korrigieren.

(5) Futur I

Da im Lateinischen *futurum* „Zukunft" bedeutet und das Wort auch in der lateinischen Grammatik als Benennung für ein Tempus dient, wird in vielen deutschen Grammatiken behauptet, man drücke die Zukunft im Deutschen mit dem Futur aus; das ist zwar nicht ganz falsch, gilt aber nur eingeschränkt. Wenn die Zukunft und nichts als die Zukunft gemeint ist, benutzt man im Deutschen das Präsens (s. o.).

Das Futur, genauer: das Verb *werden,* hat in den meisten Fällen modale Bedeutung und markiert eine Äußerung als Vermutung, Versprechen, Absicht oder Aufforderung. An den Sätzen *Ich komme morgen* und *Ich werde morgen kommen* lässt sich das beispielhaft zeigen: Die Aussage im Präsens gilt bis auf die generell zukunftstypische Ungewissheit ohne Einschränkung. Der Satz im Futur beinhaltet zusätzlich eine Bekräftigung, die auf unausgesprochene Vorbehalte, vorangegangene Argumentation o. Ä. schließen lässt. Der modale Charakter tritt noch deutlicher zutage, wenn das Futur für Äußerungen über die Gegenwart verwendet wird.

(5.1) Vermutung über gegenwärtige und zeitlose Sachverhalte.

Warum liest Paola „Hamlet" auf Deutsch? – Sie wird besser Deutsch können als Englisch!
Wo ist Peter? – Keine Ahnung, er wird noch arbeiten müssen.
Du schwitzt und fühlst dich schlapp? Du wirst Fieber haben.
Ich habe Graz auf der Karte nicht gefunden; es wird gar nicht in Deutschland liegen.

In der Bedeutung <Vermutung> kann das Futur in Fragesätzen nicht gebraucht werden:

Wird Graz nicht in Deutschland liegen?

(5.2.1) Zukunft, 1. Person: Absicht oder Versprechen

Ich werde mit dem Rauchen aufhören.
In den Ferien werden wir uns um eure Blumen kümmern.

(5.2.2) Zukunft, 2. Person bzw. formelle Anrede: Vermutung oder strenge Aufforderung

Wenn du keine Mütze aufsetzt, wirst du dich erkälten.
Ihr werdet jetzt aufhören zu lesen und schlafen gehen!
Sie werden sofort mein Haus verlassen!
Wirst du (wohl) gleich die Füße vom Tisch nehmen? (Aufforderung)

(5.2.3) Zukunft, 3. Person: Vermutung

Diesmal wird Hugo die Fahrprüfung bestehen.
Morgen wird es regnen.
Der Gesetzestext wird noch einmal überarbeitet werden müssen.

(6) Futur II

Das Futur II bezeichnet vorzeitige Sachverhalte; darin stimmt es mit dem Perfekt überein. Aufgrund der modalen Bedeutung von *werden* (s. o.) sind die Äußerungen oft zusätzlich als <Vermutung> markiert.

(6.1) Vermutung über einen Sachverhalt in der Vergangenheit

Andauernd muss ich niesen; ich werde mich erkältet haben.
Du bist in den Graben gefahren? Du wirst am Steuer eingeschlafen sein.
Klaus wird gar nicht in der Vorlesung gewesen sein, sondern wieder mit Otto in der Kneipe gesessen haben!

(6.2) Vermutung über einen vorzeitigen Sachverhalt in der Zukunft

In 14 Jahren, sagte der chinesische Weise, wird der Kaiser gestorben sein, oder seine Nachtigall – oder ich!

Auch das Futur II kann in der Bedeutung <Vermutung> nicht in Fragesätzen gebraucht werden:

Werde ich mich erkältet haben?

Der Grund dafür ist kein eigentlich grammatischer. Die JA / NEIN-FRAGE[1] impliziert ja gewissermaßen eine Vermutung, sodass sie im Fragesatz keiner zusätzlichen Markierung bedarf. In manchen Fragesätzen käme folgender Paraphrase-Typ infrage, der an die Stelle der Vermutung eine Befürchtung setzt:

Du wirst doch nicht am Steuer eingeschlafen sein?
Ich werde mich doch (hoffentlich) nicht infiziert haben?
Der Text wird doch nicht noch einmal überarbeitet werden müssen?

Das unter (5) und (6) Gesagte unterstreicht, was oben (SYNTAX 3.3.1, Prädikate mit Modalverben) über Futur I und II steht: Die Modalverb-Funktion von *werden* dominiert so stark über die Hilfsverb-Funktion, dass man diese Prädikats-Formen aus dem Tempus-System eliminieren kann!

Wie schon erwähnt, werden Prädikate umso weniger akzeptiert – und verstanden! –, je mehr Glieder sie enthalten. Mehr als drei Glieder kommen umgangssprachlich daher kaum vor. Beispielsätze mit Prädikaten hoher Komplexität waren bei informellen Tests nicht allen Muttersprachlern verständlich, auch manche Hochschulabsolventen hatten Schwierigkeiten oder bezweifelten sogar, dass es sich um korrektes Deutsch handele. Andererseits paraphrasierte der eine oder andere „grammatikfeste" Ausländer solche Sätze korrekt.

Situation: Zwei Vorschulkinder haben die Bücherregale leer geräumt und die Bücher auf dem Fußboden verteilt; die zunächst sprachlose Mutter fragt nach dem Warum. Der Vater antwortet anstelle der Kinder:

Sie werden haben lesen lernen wollen!

Eine noch etwas kompliziertere Variante:

Sie werden sich das Lesen haben beibringen lassen wollen.

Lerner haben vor allem Probleme mit der korrekten Bildung des Futurs. Die Hauptrolle spielt dabei die Verwechslung der beiden mit dem Hilfsverb *werden* gebildeten Syntagmen: Futur (*werden* + Infinitiv) vs. Passiv (*werden* + Partizip II). – Eine merkwürdige Vorliebe für das Futur legen viele Araber an den Tag; sie verwenden es in ungeeigneten Situationen, vor allem für zeitlich nicht markierte Vorgänge:

 # Im Magen wird die Salzsäure das Protein denaturieren.

Die Ursache dürfte im arabischen Tempussystem zu suchen sein.

---

1 s. Syntax, 1.3

14.2 Deklination

Nomen (= Substantive), Artikel, Adjektive, Partizipien und ein Teil der Pronomen können dekliniert werden. Ein dekliniertes Wort hat maximal vier Deklinationsmerkmale:

1. **Genus:** feminin / maskulin / neutral
2. **Numerus:** Singular / Plural
3. **Kasus:** Nominativ / Akkusativ / Dativ / Genitiv
4. **Person:** 1. / 2. / 3. Person.

Das Merkmal PERSON kommt nur beim Possessiv-Artikel und bei einigen Pronomen vor.

Nomen und Artikel

14.2.1 Genus

Übereinstimmung von natürlichem Geschlecht und Genus ist naturgemäß nur bei Bezeichnungen für sexuell deutlich differenzierte Lebewesen gegeben, und selbst da stimmt es nicht immer. Man denke nur an MARK TWAINS Spott darüber, dass im Deutschen ein Mädchen – im Gegensatz zu einer Rübe – geschlechtslos sei.

Zwar gibt es *Hündin* und *Hund, Kater* und *Katze,* sogar *Kätzin* zur Verdeutlichung – aber als Artname ist *Hund* maskulin und *Katze* feminin, und warum *Gabel* feminin, *Löffel* maskulin und *Messer* neutral ist, weiß niemand. Darum ist es wichtig, im Unterricht das grammatische GENUS von Anfang an von der Vorstellung geschlechtlicher Differenzierung abzukoppeln, vor allem in Anbetracht der Tatsache, dass das Genus in vielen Sprachen keinerlei Entsprechung hat.

Lernern, besonders Anfängern, erscheint das Genus als eine der größten Schwierigkeiten, zumal es keine erkennbare kommunikative Funktion hat und somit keinen Lernanreiz bietet. Erschwerend wirkt, dass in vielen Fällen das Nomen selbst kein Genusmorphem hat: *die Mutter, der Kutter, das Futter, ...* Dafür gibt es die Artikel – wieder eine als Schikane empfundene Eigenart. Aus mnemotechnischen Gründen ist nämlich eine Genusendung des Nomens kaum problematisch – kein Lateinschüler fragt sich, ob *Tisch* nun *mensa, mensus* oder *mensum* heißt – aber heißt es *der* oder *die* oder *das Tisch?* Artikel werden folglich oft nur als Genus-Anzeiger wahrgenommen, die Frage, ob der bestimmte, der unbestimmte oder der Null-Artikel zu stehen hat, wird darüber vernachlässigt.

Da wir aber nicht Problembewusstsein, sondern Sprache zu vermitteln haben, müssen wir mit Fantasie und freundlicher Hartnäckigkeit versuchen, den Lern- und Übungsprozess in Gang zu setzen und zu halten. Tricks und Hilfen, die zu vermitteln sinnvoll wären, gibt es kaum, abgesehen von Endungsklassen wie *-heit, -keit, -ion,-schaft, -or, -ung, ...*

Die nicht nur von anglophonen Lernern bevorzugte Artikelform ist *die;* sie hat die größte Vorkommenshäufigkeit, und außerdem ist sie phonetisch dem englischen *the* am nächsten. Russen dagegen lassen die Artikel gern ganz weg. Wo es, wie oft im akademischen Bereich, hauptsächlich um Leseverstehen geht, sollte man Nachsicht üben, denn die kommunikative Bedeutung von Genus und Artikel ist ja nicht groß.

14.2.2 Numerus

Es gibt im Deutschen neun Möglichkeiten der Pluralbildung bei Nomen (s. ÜBUNGSGRAMMATIK FÜR DIE GRUNDSTUFE), von denen vier als phonetische Varianten gelten können. Die Unterscheidung zwischen „eins" und „mehr als eins" wird streng beachtet und ist wegen der Kongruenz von Subjekt und Personalform des Prädikats auch syntaktisch relevant.

Außer dem Erlernen der Formen gibt es nur wenige Schwierigkeiten. – Anglophone Lerner verwenden bei Kollektiven wie Polizei, Regierung etc. als Subjekt entsprechend dem Englischen oft den Plural im Prädikat. – In anderen Sprachen, z. B. Indonesisch und Türkisch, geht man mit dem Plural sparsam um. Im Türkischen steht u. a. nach Kardinalzahlen grundsätzlich der Singular, im Indonesischen auch nach Wörtern mit der Bedeutung *alle, viele, manche ...* – In vielen asiatischen Sprachen kann man gar nicht beliebige Items zählen, sondern nur bestimmte vorangestellte Klassifikatoren, entsprechend unserem *fünf* **Stück** *Seife, zwei* **Liter** *Milch etc.* bei unzählbaren Materialbezeichnungen. Fällt nun – nach dem Vorstellungskonzept der Lerner – der Klassifikator im Deutschen aus, bleibt ein Nomen im Singular:

 # Nehmen Sie für dieses Rezept drei (ϕ) Ei.

14.2.3 Kasus

Vier Kasus[1]: Nominativ / Akkusativ / Dativ / Genitiv.

Die Wortformen finden sich in jeder Grundgrammatik, die syntaktischen

1 Nicht alle haben Latein gelernt, darum ein Hinweis: Der Plural von *der Kasus* heißt *die Kasus*, mitlangem *u*.

Funktionen sind oben ausführlich beschrieben (s. SYNTAX). Die Reihenfolge der Kasus ist im Prinzip gleichgültig. Wegen der Übereinstimmung bei Femininum und Neutrum werden Nominativ und Akkusativ in allen moderneren Darstellungen zuerst genannt, im Gegensatz zu der traditionellen Reihenfolge mit dem Genitiv als „Zweitem Fall"[1].

Da in Ergänzungs-Sätzen die namensgebenden Kasus gar nicht realisiert sind, haben Linguisten in den letzten 50 Jahren oft ganz auf die traditionellen Kasusnamen[2] verzichtet und sie durch Nummern ersetzt. Leider hat dabei jeder eine eigene Zählung gewählt, so dass man im Sprachunterricht lieber bei den vertrauten „Etiketten" geblieben ist.

Deklinierte Wortformen haben nur als Segmente in Sätzen Bedeutung und treten in der sprachlichen Realität auch nur in Sätzen auf. Darum achtet man im modernen Sprachunterricht darauf, dass Lerner den Kasus zuerst im Satz begegnen – etwa in Minidialogen –, bevor man sie die Paradigmen lernen lässt. Besonders für Lerner ohne „Kasus-Erfahrung" ist das wichtig, also z. B. im Zweitsprachen-Erwerb bei Chinesen, Vietnamesen, Thai, Indonesiern/Malaien – vielleicht sogar bei Angelsachsen.

Für Lerner mit Kasus-Erfahrung besteht die Schwierigkeit u. U. darin, dass die deutsche Verbvalenz mit der muttersprachlichen nicht übereinstimmt; beispielsweise wird das türkische Verb für *anblicken* mit dem Äquivalent des Dativs verbunden. Systematischer Fehler: *# Er blickte ihr an.*

Die Anzahl der Kasus in den Einzelsprachen reicht von null bis etwa 15, wobei die Grenze zwischen Flexionsmorphemen im engeren Sinne und Prä- bzw. Postpositionen unscharf ist.

Die Nominalgruppe

Eine Gruppe …
Den genauen Wortlaut seines Schreibens …
… mit ihren ganz außerordentlich verschiedenen Muttersprachen …
Diese drei und zwei weitere Beispiele …

Ein Nomen kommt selten allein. Ein vorangestellter Artikel ist das Mindeste; das ist im Deutschen so selbstverständlich, dass man in den Fällen, wo kein Artikel steht, ihn sozusagen für unsichtbar erklärt und vom „Null-Artikel" spricht: *ein Haus – ϕ Häuser.*

---

1 Diese Zählung stammt aus der lateinischen Grammatik, wo sie didaktisch sinnvoll ist.

2 Sie gehen auf die klassischen Sprachen zurück. Als sprechende Termini sind sie unbrauchbar.

Der Begriff Artikel ist hier weiter gefasst als in vielen traditionellen Darstellungen: Bestimmter Artikel, unbestimmter Artikel, Negativ-Artikel, Possessiv-Artikel[1], Demonstrativ-Artikel, Frage-Artikel, Artikelwörter wie *jed-, manch-, einige, mehrere* sowie die als Artikelwörter gebrauchten (fast) flexionslosen Kardinalzahlwörter von *zwei* bis *neunhunderttausendneunhundertneunundneunzig.*

Dazu kommen Links- und Rechtsattribute des Nomens (s. Syntax). Attributive Adjektive können ihrerseits attribuiert sein. Kommen vorangestellte Präpositionen vor, spricht man auch von Präpositional-Gruppen[2]:

> *Ida hat sich* ***ein neues*** *Fahrrad gekauft.* ***Mit ihrem neuen*** *Fahrrad fährt sie zur Arbeit.*

Deklinierbare Segmente einer Nominalgruppe stimmen in Numerus, Genus und Kasus überein, soweit es sich nicht um Rechtsattribute handelt. Übereinstimmung bedeutet jedoch nicht Formengleichheit. Eine besondere Schwierigkeit für Lerner stellt das Verhältnis von Artikel und Adjektiv dar: Je nachdem, ob das Artikelwort die Endung des bestimmten Artikels trägt oder nicht, bekommt das Adjektiv verschiedene Endungen.

Ärger über die Zumutung, die Paradigmen der Adjektiv-Deklination zu lernen, habe ich gelegentlich bei Angelsachsen erlebt, denn die wissen ja, dass es ohne diese Redundanz geht: *My new bicycle, the new bicycle, new bicycles, …* Es wurde z. B. vorgeschlagen, auf Regeln und Drills zu verzichten und nur aktuelle Fehler zu korrigieren – dann, so das Argument, würden sich die korrekten Formen allmählich einschleifen. Ich glaube, dass das bei erwachsenen Lernern selten funktionieren würde; die Sache ist ohne Einsicht in das ziemlich komplizierte System kaum zu bewältigen.

Manche Lerner weichen aus, indem sie vorwiegend die Adjektiv-Endung *-en* benutzen. Damit lässt sich die Fehlerzahl reduzieren, nicht aber Sicherheit erlangen.

Meistens beginnen die Schwierigkeiten sowieso „weiter oben“, nämlich mit Unsicherheit bezüglich Genus und Kasus. Darum sollten Lerner dazu angehalten werden, Nomen grundsätzlich mit ihrem bestimmten Artikel zu lernen. Auch kann ich empfehlen, bei der Korrektur schriftlicher Übungen

---

1 s. u.

2 Die unter anderem in der generativen Transformations-Grammatik gebräuchlichen Termini Nominalphrase und Präpositionalphrase bezeichnen dieselben Segmente, weisen ihnen aber zusätzlich eine Satzgliedfunktion zu; das ist hier nicht der Fall. Das Verfahren ist im Deutschen im Gegensatz zum Englischen unpraktisch.

Fehler in diesem Bereich nicht generell als „Grammatik-Fehler" zu markieren, sondern nach Genus, Kasus und Kongruenz zu differenzieren; allerdings ist dann eine Endung u. U. in mehrfacher Hinsicht ungrammatisch ...

Die Redundanz durch mehrfache Repräsentation von Morphemen in der Nominalgruppe ist aufgrund der einigermaßen geregelten Wortstellung im Deutschen - anders als z. B. im Lateinischen - nur selten verständnisrelevant. In reinen Lesekursen kann man daher den Lernern viel Zeit und Mühe ersparen, wenn man die entsprechenden Übungen reduziert.

14.2.4 Person

Das Deklinations-Merkmal < Person > kommt nur bei einigen Pronomen vor. In formaler Hinsicht sind Pronomen eine heterogene Wortart. Funktional stimmen sie darin überein, dass sie ein anderes Segment vertreten oder darauf verweisen.[1] Sie stellen den Hauptanteil der Prowörter.

Deklinierbare Pronomen
Pronomen mit den Merkmalen Person, Genus, Numerus, Kasus

Personal-Pronomen, Reflexiv-Pronomen und die von *meiner* usw., dem Genitiv zu *ich* usw., abzuleitenden Possessiv-Pronomen haben das Deklinationsmerkmal Person. Der Begriff umfasst die „grammatischen Personen"; 1. und 2. Person[2] referieren immer auf „reale" Personen oder Personifizierungen, 3. Person auch auf alles Übrige, was mit einem Nomen bezeichnet werden kann. Das allgemeine Personal-Pronomen *man*[3] ist formal 3. Person Singular Maskulinum Nominativ, steht aber für irgendwelche oder alle Menschen in der 1., 2. oder 3. Person, in Singular oder Plural. Einen Genitiv gibt es nicht; als Ersatzformen in Akkusativ und Dativ fungieren *einen* und *einem:*

Wenn man ständig geärgert wird, geht einem irgendwann der Hut hoch.
⇒ *Wenn einen die anderen ständig ärgern, geht einem der Hut hoch.*

Zur Beachtung: *Wenn man einen ständig ärgert, geht* ***ihm*** *irgendwann der Hut hoch.*

---

1 Das gilt jedoch nicht für das Reflexivum bei obligatorisch reflexiven Verben (s. o., Prowörter)

2 Ohne Genus-Markierung; das ist in manchen Sprachen anders!

3 Der Terminus neutrales Pronomen ist unpraktisch, weil er zur Verwechslung mit *es* führt. - Mit der feministischen Variante *frau* wird unterstellt, *man* referiere nur auf das natürliche männliche Geschlecht.

Denselben Bedeutungsbereich wie *man* hat *jemand*. Negation für beide ist *niemand;* bei *jemand* und *niemand* kann in Akkusativ und Dativ das Kasus-Morphem wegfallen, im Genitiv aber nicht:

Das kaputte[1] *Boot am Strand gehört offenbar niemand(em); es stört auch niemand(en).*
*Es zu entfernen, liegt daher in niemand***es** *Interesse.*

Das Reflexiv- bzw. Reziprok-Pronomen[2] *sich* ist Akkusativ und Dativ der 3. Person Singular und Plural. Die übrigen Formen stimmen mit dem Personalpronomen überein.[3]

Man sollte das Possessiv-Pronomen vom Possessiv-Artikel unterscheiden:

Darf ich 'mal dein Wörterbuch haben? Ich habe mein(e)s nicht dabei.

Pronomen mit den Merkmalen GENUS, NUMERUS, KASUS

Die Demonstrativ-Pronomen *der, die, das,* die mit dem bestimmten Artikel formgleich sind, sowie *dieser* und *jener,* formgleich mit den entsprechenden Demonstrativ-Artikeln.

Die Relativ-Pronomen; bei *welch-* gibt es keinen Genitiv (s. SYNTAX, 5.3.1)

Die Frage-Pronomen *welch-?* und was für *ein-?*, formgleich mit den Frage-Artikeln, aber *was für einer* usw. auch pronominal.

Mit dem unbestimmten Artikel *ein* (Singular) / *kein-* (auch Plural!) korrespondieren entsprechende unbestimmte Pronomen:

Hast du ein Taschentuch für mich? – Nein, ich habe kein(e)s, aber Ida hat bestimmt welche.

Das unbestimmte Pronomen *welch-* ist sowohl Plural-Opposition zu *ein-* als auch Singular für unzählbare Nomen (Materialbezeichnungen, aber nicht Abstrakta!):

In Saudi-Arabien gibt es keinen Wein, aber in Syrien bekommt man welchen.
Susanne hatte keine Geduld, # aber Brigitte hatte welche.

1 Die verbreitete Ablehnung von *kaputt* geht wohl auf die anti-französische Sprachreinigung im 19 Jh. zurück – es gibt aber kein brauchbares Synonym.

2 *Max und Moritz verstecken sich* vs. *Sie vertragen sich* ⇒ *Max verträgt sich mit Moritz* (und umgekehrt).

3 Das gilt jedoch nicht für das Reflexivum bei obligatorisch reflexiven Verben (s. SYNTAX, 7)

Pronomen mit dem Merkmal Kasus

Die Fragepronomen *wer?* und *was?*. *Wer* fragt nach Personen, *was* nach Sachen. Beide Pronomen sind formal stets Singular, was Sprecher von Sprachen mit entsprechenden Pluralformen irritieren kann. In seinem Gedicht „Der Werwolf"[1] hat Christian Morgenstern das Phänomen witzig beleuchtet: „... *Zwar Wölfe gäb's in großer Schar, doch Wer gäb's nur im Singular.*"

Die übrigen Fragepronomen, die wie *wer* und *was* auch als satzeinleitende *w*-Pronomen fungieren können, sind unveränderlich (s. u.).

14.3 Komparation

Bei der Komparation unterscheidet man drei Vergleichsstufen:

Positiv *Der Korallensand glänzte so **weiß** wie Schnee.*

Komparativ *Der Ararat ist **höher** als der Mont Blanc.*

Superlativ *Ehrlich währt **am längsten**.*[2]
*Der Nil galt lange als **der längste** Fluss der Welt.*

Eine besondere Verwendung des Superlativs ist der Elativ – eine Vergleichsstufe ohne Vergleichsglied:

Beim Bergsteigen ist genaueste Beachtung der Wetterbedingungen erforderlich!

Kompariert – zu Deutsch: gesteigert – werden nur Adjektive und manche Partizipien. Vor dem Superlativ als Prädikatsteil oder Angabe steht das Morphem *am*[3] (Endung: *-en*), bei attributivem Gebrauch der bestimmte Artikel.

Adjektive

Die Wortart Adjektiv ist heterogen. Zwar betrachten wir komparierbare Wörter als Adjektive, aber aufgrund ihrer Bedeutung sind viele Adjektive nicht komparierbar; einige Beispiele: *kaffeebraun, kinderlos, ledig, mündlich, optimal, rechtmäßig, schwanger, teilweise, tot, ...* Ein zweites, ebenfalls nicht generell zutreffendes Definitionskriterium ist Deklinierbarkeit (s. u.).

Adjektive kommen in drei syntaktischen Funktionen vor: als Prädikatsteil, als Angabe und als Attribut. Aber nicht jedes Adjektiv kann in allen drei Funktionen stehen.

1 Archaischer Volksglaube: Ein Mann, der sich zeitweise in einen Wolf verwandelt.
2 Sprichwort
3 Ursprünglich *an + dem;* die Kontraktion vor dem Superlativ ist lexikalisiert.

Adjektive als Prädikatsteil

In Verbindung mit einer relativ kleinen Klasse von Verben, den Adjektivverben, bilden Adjektive bzw. Partizipien Prädikate (s. 3.3.2):

(1) *José ist nie sehr fröhlich, aber heute wirkt er noch bedrückter als sonst.*
(2) *Elvira war reizend; sie wird immer hübscher.*

Als Prädikatsteile werden Adjektive nicht dekliniert, d. h. sie sind nicht genus- und numerusmarkiert, was bei Lernern mit romanischen Muttersprachen anfangs oft zu Fehlern führt. *Bedrückt* ist, wie viele andere Pt. II, komparierbar und fungiert als prädikatives Adjektiv.

Nicht immer ist die Grenze zwischen Adjektiv-Prädikat und *sein*-Passiv deutlich, zumal für Lerner, die oft kaum abschätzen können, ob sie eine aktuelle Verbform oder ein isoliertes Partizip vor sich haben. Auch die übliche Probe, das Prädikat ins *werden*-Passiv zu transformieren, hilft da manchmal nicht weiter:

(3) *Das Cello ist verstimmt.*

Die Annahme eines Täters, die beim *werden*-Passiv möglich sein sollte, ergäbe bei ... *ist verstimmt worden* keinen Sinn; ein Komparativ ist möglich: ... *noch verstimmter als das Klavier.* Man kann das Prädikat als Zustands-Reflexiv (s. o.) beschreiben, vgl.: *Streichinstrumente verstimmen sich sehr leicht.* Im Falle von *Man fühlt die Absicht, und man ist verstimmt* bleibt aber nur die Definition Adjektiv-Prädikat.

(4) *Idas Rock ist kariert.*
(5) *Piepenbrinks sind umgezogen.*

In (4) ist kariert ein „originäres" Adjektiv; ein Verb # *karieren* existiert nicht. – (5) ist Perfekt Aktiv. Verben mit *sein*-Perfekt müssen die Lerner natürlich identifizieren können!

Fazit: Der oft gemachte Vorschlag, zwischen dem meistens täterlosen *sein*-Passiv, Zustandsreflexiv und Adjektiv-Prädikaten im DaF-Unterricht zunächst nicht zu unterscheiden, hat einiges für sich. Völlig klar ist der Fall bei *reizend* in (2): Die Verbform Partizip I kommt als Prädikatsteil nicht vor, Segmente wie ... *ist kommend,* ... *waren schlafend* etc. sind ungrammatisch. Die deutsche Standardsprache kennt keine der englischen Progressive Form entsprechende Konstruktion[1]. Alle Wörter in prädikativer Stel-

1 Als nicht standardsprachlich gilt die sich ausbreitende so genannte „Rheinische Verlaufsform": *Stör mich nicht, ich bin am Lernen!*

lung, die formal einem Partizip I gleichen, sind als Adjektive zu betrachten. Viele stimmen bedeutungsmäßig mit ihrem ursprünglichen Verbstamm gar nicht mehr überein – so z. B. *bewegend, reizend, spannend, …*

Adjektive wie *täglich, teilweise, ungefähr, völlig, …* können nicht als Prädikatsteil vorkommen.

Adjektive als Angabe[2]

(1) *Rotes Licht sieht man bei Nebel* ***besser*** *als blaues.*
(2) ***Angeblich*** *werden die Gefangenen korrekt behandelt.*
(3) *Bello spielte* ***reizend*** *mit einer kleinen Katze.*

Auch als Angaben werden Adjektive nicht dekliniert. In (2) ist *angeblich* eine existimatorische Angabe[3], *korrekt* ist Prädikatsteil. In (3) ist *reizend* auch hier, als Modal-Angabe, ein Adjektiv; das gilt aber nicht für *weinend* in (4):

(4) *Mariechen saß, dicke Tränen weinend, im Garten.*

Die Akkusativ-Ergänzung *dicke Tränen* macht deutlich, dass es sich hier um einen Angabe-Satz handelt (Partizipial-Satz oder Partizipial-Konstruktion [Pk; s. Syntax], in dem das Pt. I Prädikat ist, also eine Verbform, kein Adjektiv.

Adjektive, die sich aufgrund ihrer Bedeutung nicht auf Handlungen oder Geschehen beziehen können, kommen dementsprechend als Angaben nicht vor: *porös, quadratisch, (un)zerbrechlich, …*

Adjektive als Attribut

beim Nomen:

(1) *Man hat ein Foto des mutmaßlichen Bankräubers im Fernsehen gezeigt.*
(2) *Mit unseren vereinten Kräften schaffen wir's!*
(3) *Ein Pole erzielte beim Skispringen die größte Weite und die zweitbeste Haltungsnote.*
(4) *Schon zum ersten Frühstück soll er ein ganzes Huhn gegessen haben.*
(5) *Olaf war als Kind ein reizender Bengel.*

---

2 Die übliche Beschreibung „adverbialer Gebrauch des Adjektivs“ soll zum Ausdruck bringen, dass die Adjektive (als Angaben) vom Prädikat als Träger von Geschehen und Handlung abhängen.

3 Semantische Beziehung zum Restsatz: Einschätzung / Kommentierung.

Als Linksattribute bei Nomen gehören Adjektive zur Nominalgruppe und werden dementsprechend dekliniert (s. o., NOMINALGRUPPE). Der „syntaktische Zwang" zur Deklination ist so stark, dass umgangssprachlich auch eigentlich undeklinierbare Adjektive wie *rosa, lila, orange, ...* dekliniert werden: *ein rosa**nes** Kleid mit einem lila**nen** Gürtel.*[1]

(6) *Ammoniak ist ein farbloses, die Schleimhäute reizendes Gas.*

In (6) ist *die Schleimhäute reizendes* ein erweitertes Partizipial-Attribut, also ein „verkürzter Attributsatz", der in einen Relativsatz transformiert werden kann: *..., das die Schleimhäute reizt.* Dasselbe gilt in (7) für *gereizte* und *schreiende:*

(7) *Der gereizte Stier durchbrach die Absperrung und raste blindlings in die schreiende Zuschauermenge.*

Eine „Erweiterung", z. B. *durch Lärm und Stockschläge,* könnte mancher Spanienurlauber hinzufügen (s. SYNTAX, 6.2). Solche Partizipien, die als Prädikate „verkürzter" Sätze fungieren, gelten üblicherweise nicht als Adjektive.

beim Adjektiv:

(8) *Er ist ein **ganz** gerissener Bursche – mit allen Wassern gewaschen.*
(9) *Russland ist **weit** größer als die USA.*
(10) *Im Urlaub ist sie **schön** braun geworden.*
(11) *Ein Energiekonzern hat den Präsidenten im Wahlkampf **höchst** effektiv unterstützt.*
(12) *Durch Sonne und Wind **mumienhaft** gedörrte Kadaver säumten den Weg der Karawane.*

Als Attribute zu Adjektiven und Partizipien werden Adjektive nicht dekliniert. Aber nicht jedes Attribut zu einem Adjektiv ist selbst ein Adjektiv:

(13) *Der Vater las den Kindern eine **sehr** spannende Geschichte vor.*

Unsere Versuche, zu klären, was ein Adjektiv ist – und was nicht – haben noch nicht zu einem befriedigenden Ergebnis geführt. Die beiden morphologischen Kriterien, Komparierbarkeit und Deklinierbarkeit, treffen weder gemeinsam noch einzeln auf alle Wörter zu, die gemeinhin als Adjektive gelten. Andererseits können manche Partizipien gesteigert werden, obwohl sie wegen der Möglichkeit der syntaktischen Erweiterung zu „verkürzten Attributsätzen" nicht zu den Adjektiven gerechnet wurden:

---

1 Allerdings bleiben *prima* und „Neuerscheinungen" wie *klasse* und *super* undekliniert.

(12) *Kennen Sie vielleicht ein zum Definieren von Adjektiven* ***geeigneteres*** *Kriterium?*

Die Transformation in einen Relativsatz ergibt als Prädikat ein Zustands-Reflexiv, ... *geeignet sind,* zum Infinitiv *sich eignen.*

Auch einige traditionell als „Adverbien" klassifizierte Wörter sind komparabel, allerdings „irregulär": *gern, lieber, am liebsten; bald, eher, am ehesten;* ... Im Fall von *gern* sind Komparativ und Superlativ auch Formen von *lieb.* Für den Unterricht genügt folgende Faustregel:

Wörter, die allein zwischen Artikel und Nomen stehen können, sind Adjektive.

Das ist zwar keine ganz saubere Definition, sie schließt die nicht erweiterten satzwertigen Partizipien ein [s.o., (7)]; da diese aber ebenfalls der Kasus-Numerus-Kongruenz der Nominalgruppe unterliegen, spielt das in diesem Zusammenhang weiter keine Rolle. Partizipien als Verbformen sind morphologisch definiert, Adjektive dagegen hier anhand ihres Vorkommens; diese Definitionen schließen einander nicht aus: Es gibt Partizipien als Adjektive.

In der Stellung als Prädikatsteil oder Angabe sind Adjektive unflektiert, sodass für die Bildung korrekter Sätze die Unterscheidung von Adjektiv, „Adverb" und ggf. Pronomen auch nicht essentiell ist. Auf das unbefriedigende traditionelle Unterscheidungsverfahren wurde schon hingewiesen: *Annette ist* ***nett*** *zu den Gästen / ein nettes Mädchen* (Adjektiv) vs. *Annette plauderte nett mit den Gästen* („Adverb").

15 Flexionsfreie Wörter (= Partikeln)

Wörter, die in keiner Funktion flektiert werden, lassen sich unter der Bezeichnung PARTIKELN[1] zusammenfassen.

15.1 Präpositionen

Präpositionen haben je nach ihrer syntaktischen Umgebung räumlich-zeitliche Bedeutung, oder sie sind „reine" Morpheme:

(1) *Über uns wohnt ein Polizist.*
(2) *Ich habe mich über ihn geärgert.*

Die Definition „Präpositionen regieren den Kasus des folgenden Nomens bzw. der Nominalgruppe" gilt nicht uneingeschränkt. Einige Präpositionen sind kasusneutral oder werden oft ohne Kasusrektion gebraucht:

(3) ***Laut** Wetterbericht soll es morgen regnen.*
(4) *Die Versandkosten betragen **bis** fünf Kartons **à** sechs Flaschen 35 Cent **pro / je** Flasche.*
(5) *Wir schicken Ihnen die Rechnung **per** Einschreiben.*

Nach *laut* steht oft der Dativ:

(6) *Bei den Tätern soll es sich laut einem Pressebericht um Jugendliche handeln.*

Allein vor Nomen steht *bis* immer ohne Artikel: *bis nächste Woche; Linie 18 bis Dammtorbahnhof.* Oft tritt *bis* zusammen mit einer weiteren Präposition auf: *Bis zum Ende; bis an den Strand; bis auf den letzten Cent.* Bei obligatorischem Artikel muss eine zweite Präposition stehen:

(7) *Eine Tankfüllung reicht bei diesem Auto bis Bulgarien, vielleicht bis in die Türkei.*

Man sollte darauf hinweisen, dass die Wortart PRÄPOSITION auch umfangreichere Segmente einschließt, die in den üblichen Listen meistens nicht vorkommen: *angesichts, aufgrund, in Anbetracht, …*

Offenbar herrscht die Tendenz, in der Präpositional-Rektion den Dativ durch den Genitiv zu ersetzen, etwa bei *laut, entlang, gegenüber, …*

Den oft monierten Dativ nach *trotz* sollte man akzeptieren; er ist in der

1 Die Bezeichnung wird von manchen Autoren in einem engeren Sinn gebraucht!

Literatur (THOMAS MANN) häufig und das Präpositional-Pronomen heißt *trotzdem*, nicht *trotzdes*!

15.2 Konjunktionen und Subjunktionen

Konjunktionen haben keine Satzglied-Funktion und besetzen keine Satz-Position; sie stehen zwischen Sätzen oder Segmenten[1] (Null-Stellung). Die wichtigsten fünf Konjunktion *und, oder, aber* (Variante: *doch*), *sondern, denn* müssen wegen der Relevanz für die Wortstellung unbedingt gleich zu Anfang gelernt und geübt werden. Die Bedeutung verursacht im Allgemeinen keine Probleme, aber eine deutsche Besonderheit, die Lernern Schwierigkeiten zu bereiten pflegt, stellt *sondern* dar, das eine voraufgehende Negation voraussetzt; außerdem muss es sich um einen Gegensatz innerhalb derselben Bedeutungskategorie handeln: *Er ist nicht intelligent, sondern clever* vs. *Er ist nicht intelligent, aber charmant.* Doppelkonjunktionen: *sowohl – als auch; zwar – aber; weder – noch; ...*

Die Konjunktion *denn* hat nicht kausale, sondern explikative Bedeutung:

(1) *Cornelia wird keine Zeit haben, denn sie hat nicht angerufen.*

Dieses Thema wird oben ausführlich behandelt (SYNTAX, 11). Auch Subjunktionen haben keine Satzglied-Funktion, besetzen aber im Nebensatz die Position I*. Neben *dass, ob* und *zu* (bei Infinitivsätzen), die Ergänzungs- oder Attributsätze einleiten, gibt es zahlreiche Angabesatz-Subjunktionen: *weil, als, wenn, um... zu, obgleich* ... Die sprachgeschichtlich älteste Subjunktion ist *dass;* unterschiedliche Angabe-Bedeutungen wurden früher durch Partikel + *dass* markiert: *auf dass / damit dass* (final), *darum dass* (kausal), ... Heute wird von solchen Verbindungen noch *so dass, ohne dass* und *anstatt dass* gebraucht.[2]

* Nur die Infinitiv-Subjunktion *zu* ist nicht an die Position I im Nebensatz gebunden:

(2) *Er bot ihr an, die Kastanien aus dem Feuer zu holen.*

---

1 Ausnahme: *denn* kann nur vor Aussagesätzen stehen (s. SYNTAX, Koordination).

2 s. ÜBUNGSGRAMMATIK FÜR DIE MITTELSTUFE

15.3 Pronomen

15.3.1 w-PRONOMEN

Diese Pronomen, auch die zu deklinierenden *wer* und *was* (s. o.), leiten Sätze ein[1], und zwar sowohl Haupt- als auch Nebensätze. Im Gegensatz zu Konjunktionen und Subjunktionen haben sie Satzgliedfunktion. Die Bezeichnung FRAGEPRONOMEN deckt nicht den gesamten Verwendungsbereich ab: Weiterführende Nebensätze haben keine Fragebedeutung, auch nicht alle Attributsätze.

Hauptsätze (Fragesätze) mit *w*-Pronomen

(1) *Wann und wo haben Sie die UFOs gesehen?*
(2) *Wie viele waren es ungefähr?*
(3) *Wieso ist das Fenster offen? Müllers sind doch verreist!*

Das Pronomen *wieso* in (3) fragt nicht nach einer Begründung, sondern nach einer Erklärung, (Explikativ-Angabe, s. SYNTAX, 11). – Fragepronomen kommen häufig in dialogischen Ellipsen vor (s. SYNTAX, 1.2):

(4) *Da fliegen Gänse! – Wo?*
(5) *Ich will noch ein Geschenk kaufen. – Für wen?*

Nebensätze

Ergänzungs-Sätze (Indirekte Fragesätze) mit *w*-Pronomen

(1) *Sagen Sie mir bitte, wer dafür zuständig ist!*
(2) *Ich weiß nicht, an wen ich mich wenden soll.*
(3) *Hast du eine Ahnung, wofür man ein Modem braucht?*
(4) *Wie man das macht, hat mir niemand gezeigt.*

Attribut-Sätze mit *w*-Pronomen

(1) *Wo willst du hin? – Nach Buxtehude, wo die Hunde mit dem Schwanz bellen.*[2]
(2) *Auf die Frage, unter welchen Bedingungen Nerven sich regenerieren, gibt es noch keine endgültige Antwort.*

Attributsätze mit *w*-Pronomen unterliegen Restriktionen (s. SYNTAX, Attri-

2 Abgesehen von emphatischen Negationen: *Ach was! – Ach wo!*
1 Redensart, die familiär gebraucht wird, wenn man keine Auskunft geben möchte. (s. SYNTAX, 10)

but-Sätze); da *w*-PRONOMEN und RELATIVPRONOMEN unterschieden werden, sollten diese Nebensätze auch nicht als Relativsätze bezeichnet werden!

Angabe-Sätze (Weiterführende Nebensätze) mit *w*-Pronomen

(1) *Er redete die Rektorin mit „Magnifizenz" an, worüber die meisten gegrinst haben.*
(2) *Wir standen lange im Stau, wodurch wir mit Verspätung ankamen.*
(3) *Otto fährt gern Achterbahn, wobei ihm regelmäßig schlecht wird.*

Die Beziehung zwischen den Nebensätze einleitenden *w*-Pronomen und den so genannten „Pronominal-Adverbien" in Hauptsätzen (s. SYNTAX 7) ist offensichtlich:

(4) *Isolde hat eine Lehrstelle bekommen, worüber ihre Familie sehr froh ist.*
⇒ (5) *Sie hat eine Lehrstelle bekommen; darüber ist ihre Familie sehr froh.*

Die *w*-Pronomen in weiterführenden Nebensätze werden darum oft ebenfalls als „Pronominal-Adverbien"[1] bezeichnet. Das ist unpraktisch, da sich die PRÄPOSITIONAL-PRONOMEN[2] (*dabei, dewegen, trotzdem, ...*) syntaktisch anders verhalten als *w*-Pronomen.

Präpositional-Pronomen sind nicht an die Position I gebunden: ... *Ihre Familie ist darüber sehr froh / Ihre Familie ist sehr froh darüber;* sie können auch als Korrelat auftreten:

(6) *Isoldes Familie ist sehr froh darüber, dass sie eine Lehrstelle bekommen hat.*

Außerdem referieren Präpositional-Pronomen, im Gegensatz zu *w*-Pronomen, nicht nur auf Sätze, sondern auch auf andere Segmente:

(7) *Wenzel hatte zum Geburtstag eine Tüte* ***Gummibärchen*** *bekommen; seine Schwester war sehr traurig darüber, dass er ihr keine* ***davon*** *abgegeben hat.*

Eine unterschiedliche Benennung empfiehlt sich also.

---

1 Wegen der prinzipiellen Schwierigkeiten, die der Terminus „Adverb" mit sich bringt, sollte die Bezeichnung „Pronominal-Adverb" durch PRÄPOSITIONAL-PRONOMEN ersetzt werden (s. auch Fußnote 2!)

2 *d-* fungiert als ana- oder kataphorischen Pro-Element, die Präposition entspricht der jeweiligen Satzglied-Funktion.

15.3.2 Lokale und temporale Pronomen

Die Termini sind ungewohnt und bedürfen der Erklärung. – Zwar sind nicht alle Pronomen Prowörter, doch stehen die meisten stellvertretend für Segmente bzw. Äußerungen, die in Text oder Situation gegeben sind, d. h. als anaphorische oder kataphorische Prowörter. Untersucht man traditionell als Adverbien bezeichnete Wörter auf mögliche Prowort-Funktionen, stößt man u. a. auf eine Menge, die räumliche oder zeitliche Beziehungen situationsabhängig markiert:
hier, dort, drüben, nebenan, hinten, vorn, links, rechts, oben, unten, …
gestern, heute, morgen, vorher, nachher, anschließend, …

Das folgende Beispiel schildert eine Situation aus der Sicht eines Bürgers der ehemaligen BRD:

> *Die Elbe war* ***damals*** *die deutsch-deutsche Grenze. Während man* ***hier*** *am Ufer spazieren gehen konnte, gab es* ***drüben*** *eine mehrere Kilometer breite Sperrzone.*

In attributiver Funktion stehen diese Partikeln rechts vom Bezugswort: *das Haus dort; in dem Vortrag gestern; zu den Gästezimmern unten; …* Sie kommutieren mit äquivalenten Präpositional-Attributen: *das Haus am Ufer des Flusses; in dem Vortrag am 17. Januar; zu den Zimmern im Parterre; …*

Bedeutung und syntaktische Funktion sprechen dafür, solche Partikeln als Pronomen zu bezeichnen.

15.4 Weitere Partikeln

Noam Chomsky, dem die internationale Linguistik wichtige Einsichten verdankt, hat in einer seiner Veröffentlichungen zur Generativen Transformations-Grammatik dekretiert, die Bedeutung sprachlicher Äußerungen sei für die Syntax – bei Chomsky gleichbedeutend mit Grammatik – etwa so wichtig wie die Haarfarbe des Linguisten. Das mochten nicht einmal alle seine Schüler akzeptieren. Jedenfalls sind bisherige Versuche gescheitert, Algorithmen zur Beschreibung natürlicher Sprachen unter Verzicht auf die Einbeziehung der Bedeutung zu entwickeln, und es ist unwahrscheinlich, dass es gelingen könnte.

Für eine brauchbare Klassifikation genügt die Form eines Wortes allein nicht, wenn man einmal von konjugierten Verbformen absieht. Syntaktische und semantische Gesichtspunkte sind unentbehrlich; oft bedarf es der Aufdeckung von diffizilen Kommutationszusammenhängen. Diese differenzierende Beschreibung von Wortarten ist zum Teil erst noch zu leisten oder, soweit es sie schon gibt, allgemein bekannt zu machen. Da außerdem in vielen Fällen von der Verwendung desselben Wortes in unterschiedlichen Funktionen auszugehen ist – ebenso gut kann man von verschiedenen, aber gleich lautenden Wörtern sprechen –, wird es ein allgemein akzeptiertes vollständiges System der Wortarten wohl nie geben.

Die Ausgliederung einiger konsistenter Gruppen aus den „Adverbien" erfolgte hier anhand der Beschreibung ihrer Bedeutung und syntaktischen Funktion.

Auch wenn der Begriff ADVERB wegen seiner definitorischen Defizite eliminiert wird – eine Restgruppe, die nicht anders als heterogen sein kann, ist unentbehrlich.
Ich halte es für didaktisch sinnvoll, zunächst alle nicht zu flektierenden Wörter so wie oben vorgeschlagen unter Partikeln zu subsumieren und da, wo es notwendig ist, mit genauer definierten Kategorien – PRÄPOSITION, PRONOMEN etc. – zu operieren. Die Definition der Partikel hat den Vorteil, dass sie, im Gegensatz zu „Adverb", keine Aussagen über das syntaktische Verhalten beinhaltet; als Nachteil könnte man ansehen, dass anderweitig gut definierte Kategorien zerrissen werden – siehe *w*-Pronomen – aber in diesem Dilemma befindet man sich bei den Wortarten ja nicht nur hier.

Der Vorschlag lässt die Möglichkeit offen, syntaktisch oder semantisch definierbare Wortklassen auszugliedern, wenn das einen für Lerner nützlichen Erklärungswert hat. Auf riskante Benennungsversuche kann dabei verzichtet werden. Dazu sei hier ein Beispiel vorgestellt. Es geht um Partikeln, die als Temporal-Angaben fungieren.

Mit *schon – noch nicht, noch – nicht mehr* und *erst* wird die Einschätzung von Sachverhalten relativ zu einem jeweils aktuellen Zeitrahmen ausgedrückt.

(1) *Die Sekretärin ist schon im Büro.* (8:00 Uhr; normalerweise kommt sie um 9 Uhr.)
(2) *Die Sekretärin ist nicht mehr im Büro.* (15:00 Uhr; meistens bleibt sie bis 17 Uhr)
(3) *Die Sekretärin ist noch nicht im Büro.* (10:00 Uhr; sonst ist sie um 9 Uhr da.)
(4) *Die Sekretärin ist noch im Büro.* (18:30 Uhr; sie hat um 17 Uhr Dienstschluss.)
(5) *Heute war die Sekretärin erst gegen Mittag im Büro.* (Sonst kommt sie um 9.)
(6) *Morgen ist schon Ultimo, und ich habe noch 70 €.*

(7) *Max hat nur noch 3,50 €.*
(8) *Die Kinder müssen ins Bett. Es ist ja schon neun Uhr!*
(9) *Für mich ist neun Uhr noch früh.* (Ich gehe meisten um 11 Uhr zu Bett.)
(10) *Auf meiner Uhr ist es erst halb neun.*

Der Sprecher beurteilt innerhalb seines Zeitrahmens den Sachverhalt punktuell mit *schon* als „früh" (Negation: *nicht mehr*), mit *noch* als „spät" (Negation: *noch nicht*).

Mit der Opposition *schon – erst* wird der Sachverhalt im Rahmen eines nicht abgeschlossenen Prozesses beurteilt. Als Kurzdarstellung des Systems eignet sich gut die alte Geschichte vom Whiskyglas: *schon halb leer – noch halb voll = erst halb leer* (da es um den Vorgang des Trinkens, nicht des Einschenkens geht).

Die Beschreibung ist durch mehrere Umstände erschwert. In (2) kann z. B. der mit *nicht mehr* kommentierte Zeitpunkt, „früher als erwartet", durch *schon* verstärkt sein:

(11) *Sie ist schon nicht mehr im Büro.*

Für viele Lerner ist die Unterscheidung von *erst* und der zeitunabhängigen Einschränkungs-Partikel *nur* aufgrund fehlender Differenzierung in der eigenen Sprache schwierig: *Wir haben heute erst 56 € eingenommen* vs. *Wir haben heute nur 56 € eingenommen.*

Abgegrenzt werden müssen *schon* und *noch* in dieser Verwendung natürlich gegen Synonyme mit anderen Bedeutungen:

(12) *Es ist schon merkwürdig, wie Roland sich verhalten hat.*
(13) *Vermutungen gibt es noch und noch, aber keine Beweise.*

Weitere Verwendungsweisen sind in den Wörterbüchern aufgeführt. Sobald objektive Zeitangaben ins Spiel kommen, wird bei der Beschreibung – nicht beim intuitiven Gebrauch – das Vorstellungsvermögen erheblich strapaziert. In (8) bedeutet *neun Uhr* dem Kontext zufolge, dass der Zeitpunkt als „spät" eingeschätzt wird – *schon* soll aber das Merkmal < FRÜH > haben! – Der scheinbare Widerspruch beruht darauf, dass sich zwei Zeitsysteme überlagern – das subjektive, zu dem die Partikel *schon* gehört, und das objektive, das von der Uhrzeit repräsentiert wird. Versucht man, die Bedeutung von (8), die dem Muttersprachler intuitiv klar ist, durch eine Paraphrase zu erklären, bedarf es ungewöhnlicher Formulierungen:

(14) *Der objektive Zeitpunkt „neun Uhr" ist nach meinem persönlichen Zeitempfinden früher als erwartet (= schon) eingetreten.*

Ich möchte mir und dem Leser die Paraphrasierung von (10) ersparen. Überhaupt muss sich der Lehrer nach meiner Erfahrung die Mühe der Erklärung bei Lernern mit europäischen Ausgangssprachen nicht machen – das System scheint hier überall äquivalent zu sein. Türken allerdings haben ernste Probleme damit. Ihr System ist anders – und für Lerner mit „*schon-noch*-System" ebenfalls schwer durchschaubar!

Manche Lerner verwenden zunächst beim Perfekt immer *schon*, weil sie aufgrund des häufig gemeinsamen Vorkommens irrtümlich annehmen, es handele sich um ein Tempus-Morphem. Man kann dann Äußerungen folgender Art hören:

(15) *Seit wann leben Sie in Deutschland? – Ich bin vorige Woche schon angekommen. —*

Partikeln wie *selbstredend, unfairerweise, verdientermaßen, wahrlich, wohl* und viele andere stehen bedeutungsmäßig im Zusammenhang mit deklinierbaren Adjektiven wie *mutmaßlich, angeblich, vermeintlich, tatsächlich* etc. Das gemeinsame Merkmal ist < Einschätzung > / < Kommentierung > ; von manchen Autoren werden sie deshalb als „Existimatoria" zusammengefasst, wobei das unterschiedliche syntaktische Verhalten unberücksichtigt bleibt.

Eine kleine Gruppe von Partikeln mit unterschiedlichen Bedeutungsmerkmalen (< Hinzufügung > , < Hervorhebung > , < Einschränkung > , ...) kann als Linksattribut auftreten:

(16) *Auch Ratten können alkoholsüchtig werden.*
(17) *Sogar ein Bischof war unter den Partygästen.*
(18) *Große Stoßzähne haben nur männliche Elefanten.*

Meistens erscheinen diese und viele andere Partikel in der Funktion von Angaben:

(19) *Ich hole* ***nur mal eben*** *Zigaretten.*
(20) *Das könntest du* ***freilich auch kaum*** *beweisen.*
(21) *So etwas gilt* ***normalerweise sogar schlichtweg*** *als Betrug.*

Bezeichnenderweise kommen solche Partikeln in den Lehrbüchern kaum vor. Die Bedeutungen sind zu diffizil, als dass sie im Unterricht systematisch vermittelbar wären – es sei denn in gehobenen Oberstufen-Kursen. Ähnliches gilt für die immer unbetonten so genannten Abtönungs-Partikeln[1]:

1 In der Fachliteratur z. T. weitere Feindifferenzierung, die aber im Unterricht kaum hilfreich ist.

(22) *Wo warst du* ***denn****?*
(23) *Du bist* ***ja*** *müde!*
(24) *Das kann man* ***doch*** *nicht machen!*
(25) *Wie war das damals* ***noch****?*

Diese Partikeln sind allerdings so häufig und auffällig, dass Lerner öfters nach der Bedeutung fragen. Dann hilft man sich am besten mit ad hoc-Beschreibungen anhand von Beispielen. Die Feststellung, sie seien „das Salz in der Suppe der Kommunikation" ist zwar anschaulich, aber ohne definitorischen Wert.

Man kann sicher nicht alles, was hier gesagt und vorgeschlagen wird, unmittelbar in den Unterricht übernehmen, aber vieles wird Lehrerinnen und Lehrern als praktische Hilfe und Anregung dienen können, zumal denen, die für die Beschäftigung mit der wissenschaftlichen Fachliteratur keine Zeit oder keine Neigung haben.